MAXIMILIAN LÄMPEL

In den Ferien fahren wir in die Bredouille

W0044500

GOLDMANN
Lesen erleben

Buch

Maximilian Lämpel unterrichtet am Harry-Graf-Kessler-Gymnasium, wo er Tag für Tag die kuriosesten Geschichten erlebt. Nun erzählt er das Beste aus dem täglichen Schulwahnsinn:
»Ein Vater beschwert sich, dass sein Sohn seit der letzten Musikstunde nur noch russische Militärchöre höre, warum könne es nicht einfach Gangster-Rap sein, so wie bei allen anderen Sechzehnjährigen auch? Bei Carl und Karla aus der 10b bahnt sich anscheinend was an, und im Hausmeister-Kabuff, das aussieht wie der Bauwagen von Peter Lustig, hängt neuerdings ein Kalender mit leicht bekleideten Damen. Außerdem habe ich gerade Ärger mit Eva, 16, weil ich was von Schwarzfahren erzählt habe, darf man echt nicht mehr sagen, sagt Eva. Und warum muss mir Kollegin Hülsmann ständig erschreckend detailliert von ihren unzähligen Krankheiten und Wehwehchen erzählen? Und wie konnte es bloß passieren, dass Referendarin Hanna aus Versehen Lucas aus der 12 bei Tinder gematcht hat? Na ja, ist jedenfalls viel los am Kessler. Meiner Schule.«

Autor

MAXIMILIAN LÄMPEL ist Lehrer an einem Berliner Gymnasium. Auf seiner Facebook-Seite »Geheime Notizen eines Lehrers« erzählt er aus dem Schulalltag und gibt genauso spannende wie unterhaltsame Einblicke in den Kosmos Schule sowie in die Gesprächsthemen von Kindern, Eltern und Lehrern.

MAXIMILIAN
LÄMPEL

IN DEN
FERIEN FAHREN
WIR IN DIE
BREDOUILLE

Geheime Notizen
eines Lehrers

GOLDMANN

Die beschriebenen Ereignisse beruhen auf wahren Begebenheiten.
Zum Schutz der Persönlichkeitsrechte wurden Namen und Einzelheiten
verändert. Und Orte. Und Dialoge. Und so weiter.

Sollte diese Publikation Links auf Webseiten Dritter enthalten,
so übernehmen wir für deren Inhalte keine Haftung,
da wir uns diese nicht zu eigen machen, sondern lediglich auf
deren Stand zum Zeitpunkt der Erstveröffentlichung verweisen.

 Dieses Buch ist auch als E-Book erhältlich.

MIX
Papier aus verantwor-
tungsvollen Quellen
FSC® C083411
FSC
www.fsc.org

Verlagsgruppe Random House FSC® N001967

1. Auflage
Originalausgabe Juli 2021
Copyright © 2021: Wilhelm Goldmann Verlag, München,
in der Verlagsgruppe Random House GmbH,
Neumarkter Str. 28, 81673 München
Umschlag: Uno Werbeagentur, München
Umschlagmotive: FinePic®, München; Jessica Peterson/Getty Images
Redaktion: Antonia Zauner
Satz: Uhl + Massopust, Aalen
Druck und Bindung: CPI books GmbH, Leck
Printed in Germany
KW · Herstellung: TW
ISBN 978-3-442-17854-4

Besuchen Sie den Goldmann Verlag im Netz

INHALT

AUFRUHR

WER DAS LIEßT IST DOOF. Äh, wie bitte? Ja, steht da so, ein mit roter Farbe gesprühtes Riesen-Graffiti an der ehemals unschuldig weißen Wand im Foyer des Harry-Graf-Kessler-Gymnasiums in Berlin. Meiner Schule. Es ist Montagmorgen, die erste Stunde beginnt in fünfzehn Minuten, und jetzt stehe ich hier mit Lieblingskollege Eilers, und wir wundern uns. Er fragt mich, ob es nicht ganz lustig wäre, wenn er das jetzt lehrermäßig korrigieren würde.

Wir lassen das mal, haben es schließlich eilig und keine Sprühdose dabei, nicht mal einen Rotstift. Ein paar Treppenstufen später stehen wir im Lehrerzimmer, und hier ist gerade richtig was los, die Luft brennt. An zwei Tischen an der Fensterseite, wo vor allem die älteren Kollegen sitzen, herrscht aufgeregte Hühnerhaufenstimmung: überall tiefe Stirnfalten, zornige Blicke und beißender Empörungsfuror. Auch an den anderen Tischen im Zimmer dominieren traurige Ratlosigkeit und fassungsloses Raunen: GRAFFITI! UN!ER!HÖRT!

Es gibt aber auch vereinzelte Kollegen, die ganz entspannt bleiben. Und die anwesenden Referendare scheinen sowieso irritiert und ein bisschen gleichgültig – ist doch alles nicht so schlimm, oder?

Während ich mich frage, wer das wie gemacht haben könnte, höre ich, wie sich zwei Kollegen am Fenstertisch in Rage reden und sich dabei aufplustern wie zwei Gockel, die zeigen wollen, dass sie hier die Chefs auf dem Misthaufen sind. Sind sie zwar nicht, aber sie fordern trotzdem Konsequenzen: Vandalismus könne nicht geduldet werden, und ist das nicht sogar ein Straftatbestand? Die Empörungsmaschinerie nimmt weiter Fahrt auf. Wenn jetzt eine Mistgabel in der Ecke stünde, würde vermutlich einer der beiden danach greifen.

Und wo es um Empörung geht, darf Frau Pfaif-Böhring nicht fehlen, die jetzt stampfend und schnaufend hereinstürmt. Frau Pfaif-Böhring ist nicht nur Empörungsexpertin, sondern in Personalunion auch unsere stellvertretende Schulleiterin, und im Schnaufen und Stampfen ist sie richtig gut. Außerdem ist sie in allem richtig gut, was irgendwie mit ihrer Leitungsfunktion zu tun hat. Sie schmeißt den Laden und wirkt dabei so burschikos und emsig wie Frau Kramp-Karrenbauer, an der sie sich auch in Kleidungs-, Frisur- und Brillenfragen (und auch hinsichtlich des Doppelnamens) zu orientieren scheint. Keine Ahnung, ob das Absicht oder Zufall ist. Jedenfalls ist sie nun in ihrem Element, das hier ist schließlich ihre Paradedisziplin. »Auch noch falsch geschrieben!«, echauffiert sie sich, offenbar ernsthaft erbost, und sie versichere hiermit dem Kollegium, dieser Vorfall werde Konsequenzen nach sich ziehen. Man werde den Täter finden. Sie sagt echt »Täter«, und zum Glück sind Eilers und ich nicht die Einzigen, die schmunzeln müssen. Gerade als Eilers mich augenzwinkernd fragt, warum sie nicht von einer möglichen Täterin spreche, man müsse da schon korrekt sein, schimpft sie weiter. Soeben habe sie außerdem unseren Hausmeister Dombrowski beauftragt, diese Schmiererei schleunigst zu übermalen, bevor etwas nach außen dringe und der Ruf unserer Schule womöglich Schaden nehme.

Weil hier jeder weiß, dass Dombrowski zweifelhafte Vorstellungen von Arbeitsmoral und vor allem -tempo hat und sich eher für Kaffeepausen und Alkohol interessiert (böse Zungen sagen: in Kombination), wird hier so schnell nichts übermalt, mir bleibt also noch Zeit, später ein Foto zu machen.

Nach der achten Stunde stehen Eilers und ich dann wieder davor, dieses Mal mit aufnahmebereitem Smartphone. Alle Achtung, das ist mindestens zwei Meter breit, da hat sich jemand richtig ins Zeug gelegt. Graffitis aller Art und Größe gehören zur Schulumgebung, die halbe Straße ist beschrieben, bemalt und beschmiert, das Schulgebäude auch, aber bisher eben nur von außen. Als ich den Auslöser drücke, sehe ich, dass da ein Scherzkeks mit Bleistift Anführungszeichen ergänzt und, ganz klein nur, »Pfaif-Böhring« drunter geschrieben hat, so als handle es sich um ein Zitat. Ich mache Eilers darauf aufmerksam, wir grinsen erst und lachen dann, bis sich jemand hinter uns räuspert. Da steht zornesrot – Frau Pfaif-Böhring. Na prima, ausgerechnet meine Endgegnerin. Vermutlich bekomme ich jetzt für morgen Vertretung aufgedrückt, schließlich ist die Verteilung von Arbeitsstrafen in Form von Vertretungsstunden die Waffe ihres Amtes.

Am nächsten Tag spontan Vertretung in der 5a. Liegt bestimmt am hohen Krankenstand gerade, nicht am gestrigen Vorfall.

Leider muss ich zugeben, dass ich nicht gern in den fünften Klassen unterrichte. Die kleinen Chaoten sind mir viel zu zappelig und anarchisch, und das, was die da lernen, ist oft so banal, dass ich nicht viel Interesse dafür aufbringen kann. Und dann noch ständig erklären, wie man Schuhe bindet? Hausaufgabenhefte prüfen und verlorene Turnbeutel suchen? Mich nervt das Wort »Turnbeutel« ja schon, es klingt so altbacken und weckt in mir nostalgische, aber abgestandene Gefühle. Ist ein bisschen so wie beim Hören von alten Hits von Oasis oder den Spice Girls – schöne, fast warme Erinnerungen, aber wenn man jetzt täglich damit zu tun hätte: Nein, danke.

Heute regnet es, ich komme mit Schirm in den Klassenraum und stelle ihn in die Ecke. Dort bleibt er aber nur kurz, weil Murat ihn sich wie so ein kleiner Grundschulgangster schnappt und rumschleudert. Seine Mitschüler werden nass, das findet er richtig lustig, die anderen eher nicht so. Schon vor der ersten Stunde also tumultartige Szenen.

Nach dieser Doppelstunde in der 5a bin ich jedenfalls platt.

Als ich später in der großen Pause noch mal zurück ins Klassenzimmer der 5a gehe, weil ich wie immer den Schirm vergessen habe, höre ich eine verzweifelte Piepsstimme rufen: »Hilfe! Hiiilfeeee!« Ich schaue in den Raum, und da steht ein sich windender Knirps. Er ist allein und hat sich in seiner Jacke verheddert. Es ist Murat, der Schirmschleuderer, wie ich nur erahnen kann. Er hat sich wohl die Jacke über den

Kopf gestülpt, aber irgendwas ist schiefgelaufen. Er werkelt offenbar schon eine Weile da rum, und jetzt hat er die Nerven verloren. Ich helfe ihm raus, der Reißverschluss ist kaputt, und während er ganz erschöpft, mit einer Mischung aus Erleichterung und Entrüstung seine Jacke betrachtet, die neben ihm liegt, denke ich: Manchmal sind sie schon wirklich sehr goldig, die kleinen Racker.

Meine Schule wird meist Kessler-Gymnasium oder einfach nur das Kessler genannt. Im Alltag sagt ja auch niemand Bundesrepublik Deutschland, Kohlendioxid oder Bayerische Motoren Werke, man sagt Deutschland, CO_2, BMW und eben: das Kessler. Die Schülerschaft sagt: das Harry. Unser Namensgeber Harry Graf Kessler war zu Beginn des zwanzigsten Jahrhunderts ein prominenter Kunstsammler, Diplomat, Schriftsteller und insgesamt ein ungeheuer umtriebiger Netzwerker und super Typ, der alles und jeden kannte. Die Schüler sagen, er sei außerdem der erste Influencer gewesen.

Die Schule ist ein ziemliches Otto Normalgymnasium, mit großer Tradition und kleinem Glockentürmchen. In Anlehnung an Kesslers Lebenswerk haben wir einen musischen Schwerpunkt. Kultur spielt hier in jeder Form eine große Rolle, und unser Schulleiter Dr. Wohlert lässt kaum eine Gelegenheit verstreichen, unseren Namensgeber als Vorbild zu empfehlen. So wie Harry Graf Kessler solle man durchs Leben schreiten, es in vollen Zügen genießen, immer wissensdurstig und lebenshungrig sein, der Welt stets mit offenen Augen und vor allem mit offenem Herzen begegnen. Typische Schulleiter-Sätze eben. Klingen ein bisschen nach Dalai Lama oder Kalendersprüchen, sind aber trotzdem super Lebensprinzipien.

In der Vergangenheit hatte das Kessler gute und mittelmäßige Zeiten, schlecht lief es eigentlich nie. Eine wahnsinnig bekannte Schauspielerin hat hier vor langer Zeit Abitur gemacht, ein ehemaliger Vorstandsvorsitzender eines DAX-Konzerns und ein durchschnittlich bekannter Fußballspieler ebenso, darauf ist man hier sehr stolz. Heute ist hier niemand bekannt, aber kann ja noch werden, wer weiß, was aus den jungen Menschen hier noch so wird. Wir haben tolle Schüler, Graffiti-Vandalismus hin oder her. Die Schule steht jedenfalls sehr gut da, es bewerben sich jedes Jahr wesentlich mehr Schüler, als wir aufnehmen können. Wir profitieren vom Ruf und der Lage in diesem Stadtteil, der in den letzten dreißig Jahren einen enormen Aufschwung erfahren hat. Mittlerweile werden die Kinder des Bildungsbürgertums hier nur so reingespült. Weil verständlicherweise die meisten jungen Menschen Abitur machen wollen, haben wir aber, zum Glück, junge Menschen aus fast allen gesellschaftlichen Schichten und Milieus bei uns. Dieser Umstand macht Schule ja grundsätzlich zu so einem spannenden Ort. Die Institution Schule funktioniert einfach zuverlässig als Spiegel der Gesellschaft, denn hier werden ihre Themen verhandelt, hier prallt alles aufeinander, was prallen kann. Praktisch alles, was von gesellschaftlicher Relevanz ist, das Land spaltet, polarisiert, versöhnt oder einfach in aller Munde ist, findet auch hier statt, wird besprochen, bestritten und bespöttelt. Jedes Phänomen, jeder Hype, jeder Skandal. Allein diese Woche war von Gendersternchen und Grillen die Rede, von Ego-Shootern und DSDS, von Rammstein und Capital Bra, von Joko und Klaas und Jogi Löw, von Trump und Erdogan, von Berghain und Oktoberfest, und wie immer von cool und uncool. Und von Corona natürlich. Alles steht irgendwie immer auf der Schulhof-Agenda. Man kommt nicht drum herum, Teil dieses öffentlichen Raums zu sein, Agora-Feeling nannte das mal ein Kollege, nach dem zentralen Versammlungsort antiker griechischer Städte. Man könnte auch sagen, hier gehe es zu wie im Internet, nur ohne Netz DG und Blocken, hier gibt es kein Ausloggen und kein Abschalten, es gibt kein Sich-Entziehen.

Lehrerzimmer, Klassenraum und Schulhof bilden dabei eine Art Dreieck, es ist ein bisschen so wie mit der Gewaltenteilung. Man hängt zusammen, ist unverzichtbarer Bestandteil des Systems und voneinander abhängig. Aber im Gegensatz zu den Staatsgewalten liegen im Schulalltag die Gewalten in einer, der Lehrerhand. Und auch wenn es um Meinungsführerschaft geht, kann von einem ausbalancierten Gleichgewicht keine Rede sein: Da liegt die Deutungshoheit eindeutig auf Schülerseite.

Das Bild von Schule als Spiegel der Gesellschaft kann man außerdem sowohl vertikal als auch horizontal verstehen. Vertikal bedeutet dabei demographisch, denn schließlich habe ich in diesem Job ständig mit allen möglichen Generationen in Schüler-, Lehrer- und Elternschaft zu tun. Plötzlich spielen in meinem Leben Dinge wie Pillendöschen und erbitterte Auseinandersetzungen um Hertha-BSC-Bettwäsche eine Rolle. Kein Generationskonflikt-Klischee bleibt aus, die stimmen einfach alle.

Die horizontale Ebene meint das ganze Spektrum der Gesellschaft, das sich in der Schule wiederfindet, denn in die Schule müssen sie alle. Wir haben Eltern, die sind Elektriker oder sitzen im Rollstuhl oder beides, oder stammen aus Somalia oder Texas oder Wuppertal, oder sind Transgender oder Systemadministratoren, oder arbeitslos oder Politiker. Und viele sind Lehrer, natürlich, Lehrer sind überall.

Es gibt jedenfalls kaum was, was es hier nicht gibt, und manchmal denke ich: Kennst du das Kessler, kennst du Deutschland. Oder zumindest Berlin.

Was für die Eltern gilt, gilt so ähnlich auch für die Lehrer. Wie bereits erwähnt, tummeln sich im Lehrerzimmer Menschen aus ganz unterschiedlichen Generationen, und das spiegelt sich dann eben auch mindestens in Auftreten, Sprache und Kleidung wider.

Außerdem spielen die Fächer eine große Rolle, ist ja klar. Da gibt es Naturwissenschaftler, Geisteswissenschaftler, Sportler und viele mehr, und alle ticken sie anders. Ich finde es jedenfalls ganz gut, dass Schüler auf dem Weg zum Abitur mit den verschiedensten Typen konfrontiert werden, da wissen sie schon mal ganz gut, was da im Leben so auf sie zukommt.

BEZIEHUNGSPROBLEME

Gleich habe ich Unterricht in der 10b, das ist meine Lieblingsklasse. Das dürfte damit zu tun haben, dass ich da seit fünf Jahren Klassenlehrer bin und die deshalb irre gut kenne. Das ist mir neulich mal wieder klar geworden, als ich eine Doku über einen berühmt-berüchtigten Geheimdienst gesehen habe. Da ging es unter anderem um Methoden der Informationsbeschaffung und das Anlegen von Dossiers zu oppositionellen Politikern und Akteuren der Zivilgesellschaft. Ja, und da fiel mir auf, dass das bei mir als Klassenlehrer im Prinzip kaum anders läuft. Man erlebt Schüler im Unterricht, unterhält sich mit ihnen, beobachtet über Jahre, wie sie sich entwickeln, führt immer mal wieder Elterngespräche, wälzt Schülerakten, tauscht sich mit Kollegen aus, schnappt ständig Dinge auf, mal gewollt, mal ungewollt, und ist manchmal sogar live dabei, wenn die Nase blutet oder beim Wandertag die Badehose reißt. Anschließend spricht man dann mit Mitschülern und erfährt alle möglichen heiklen Geschichten, die man lieber gar nicht wissen wollte. Dass man behutsam sein sollte, wenn man von Delikatem berichtet, müssen viele junge Menschen noch lernen. Na gut, manche alten Menschen auch. Dieses kindlich hemmungsloses Redebedürfnis ist aber immerhin gut für mich, wenn es darum geht Schüler-Wissen anzuhäufen. Wenn man Langeweile hat, kann es außerdem passieren, dass man plötzlich heimlich Eltern googelt, das ergänzt nicht selten das Bild. Und wenn man dann mal in der Schülerzeitung blättert, um zu schauen, ob die da mal wieder ein Zitat unmöglich aus dem Kontext gerissen haben (passiert ständig), stolpert man, wie ich gestern, über einen Artikel des unauffälligen Amir, der so begeistert über *Game of Thrones* schreibt, dass ich nun sicher bin, ganz gut zu wissen, wie der so tickt. Außerdem will ich jetzt alle Staffeln dieser Serie gucken, obwohl ich mit Fantasy nix anfangen kann. Ich wünschte nur, Amir würde auch seine Klassenarbeiten in diesem Stil schreiben.

Im Laufe der Zeit entwickelt sich also ein facettenreiches und oft überraschend präzises Bild. Automatisch, so kommt es mir vor, legt man Dossiers im Kopf an. Und ohne die Geheimdienstanalogie überstrapazieren zu wollen: Ich weiß wirklich sehr viel über meine Schüler. Das hilft ungemein, wenn es darum geht, jeden Einzelnen bestmöglich zu motivieren und zu fördern, und darum geht es ja letztlich immer. Auch wenn ich das nie wollte, entwickelte ich schon in den ersten Wochen als Klassenlehrer Papa-Gefühle. Kein Wunder, damals, in der fünften Klasse, waren sie alle auch echt noch niedlich. Und dann wachsen sie einem nun mal ans Herz, und da bleiben sie.

Im Referendariat habe ich gelernt, zur Professionalität in diesem Job gehöre es, sich nicht zu sehr mit seinen Schülern zu identifizieren, es gelte Distanz zu wahren, man müsse sich da auch schützen und so weiter. Stimmt vermutlich alles, aber man kann ja sowieso nichts dagegen machen. Es ist eben meine Klasse, und die beschütze ich. Bärenmutti der 10b zu sein ist sozusagen Teil meines Berufsbildes.

Als ich vor ein paar Jahren meinen Vertrag am Kessler unterschrieb – ich hatte gerade das zweite Staatsexamen in der Tasche –, eröffnete mir mein Schulleiter Dr. Wohlert, dass er mich gleich als Klassenlehrer einsetzen wolle. Klassenlehrer sein, sagte er nachdenklich, sei wahrscheinlich das Schönste an unserem Beruf. Er sprach zwar nicht von Papa-Gefühlen, ich vermute aber, dass er so etwas meinte, als er mir bei der Verabschiedung zuraunte, ich solle mich darauf einstellen, dass ich viele kleine und große Abenteuer erleben werde, die Eindruck hinterlassen. Da sollte er recht behalten.

Mal von den Papa-Gefühlen abgesehen, entsprach die Ankündigung Dr. Wohlerts ganz gut meinem Bild von dem Beruf. Schon als Schüler erlebt man in der Schule schließlich regelmäßig Tragödien und Komödien, daran kommt man gar nicht vorbei. Und jede Menge Trubel, das fand ich schon immer unterhaltsam. Als Jugendlicher habe ich außerdem als Fußballtrainer gearbeitet, das hat mir viel Spaß gemacht, und von meinen Lieblingsfächern Geschichte, Politik und Deutsch war ich so angetan, dass ich wirklich oft über sie reden wollte. Das fanden auf die Dauer nicht alle in meinem Umfeld interessant. Irgendwann, ich studierte inzwischen, begann ich als Stadtführer zu arbeiten. Das war wunderbar, denn hier fielen meine Geschichten auf fruchtbaren Boden, und ich erntete nicht nur Dankbarkeit, sondern wurde sogar noch dafür bezahlt. Und meine Familie und Freunde waren froh, dass ich mein Mitteilungsbedürfnis jetzt anderweitig auslebte. Man kann also sagen, der Beruf des Lehrers drängte sich irgendwie auf. Eine Weile bin ich dem Plan, diesen Weg einzuschlagen, dann untreu gewesen und habe eine akademische Laufbahn angestrebt. Studium und tolle Professoren an der Humboldt-Universität hatten mich dazu verführt. Doch je weiter ich dabei kam, desto mehr hatte ich den Eindruck, in einer Blase zu arbeiten. Ich forschte zu Themen, für die sich praktisch niemand interessierte, ich mich auch nur so halb. Und ich erinnerte mich auch daran, dass Kinder und Jugendliche oft so erfrischend lebenshungrig und wissensdurstig sind, das war mir immer sehr sympathisch. Nicht so satt wie viele erwachsene Menschen. Insofern, würde ich heute sagen, gehören die meisten Schüler automatisch zum Typus Harry Graf Kessler.

Das Referendariat war dann nur so mittel, die Schule war hart, das Leben war es auch. Umso schöner, jetzt schon seit ein paar Jahren am Kessler zu sein.

So. Und hier geht jetzt gleich der Unterricht los. Ich ordne meine Sachen und schnappe dabei Sätze auf, die sich alle um das Graffiti im Foyer zu drehen scheinen. Es wird aufgeregt spekuliert, viel gegrinst, und es kommt mir vor, als würde dieser Vorfall, der die ganze Schule umzutreiben scheint, in der 10b wie eine Verheißung wahrgenommen. Wie ein Versprechen auf Ausbruch aus dem grauen Schulalltag. Endlich passiert mal was Verbotenes. Meine Klasse, daran kann es keinen Zweifel geben, ist Fan des anonymen Sprühers.

Ich sage nichts dazu und nutze den letzten Pausenmoment, um Amir auf seinen *Game-of-Thrones*-Artikel anzusprechen. Fände ich ja echt super, erkläre ich, dass er jetzt für die Schülerzeitung, die FAG, schreibe. Ich hätte das sehr gern gelesen und wolle mir jetzt eventuell sogar die Serie anschauen. Außerdem frage ich ihn, was er davon halte, wenn wir im Unterricht mal Vergleiche zu historischen Epochen oder Akteuren suchten, vielleicht wird man da ja fündig. Was man eben so macht, um Schüler ins Unterrichtsboot zu holen, auch wenn es zugegebenermaßen nicht immer klappt. Amir schaut mich verständnislos mit großen Fragezeichenaugen an und sieht aus, als fühlte er sich nicht so richtig wohl. Es dauert noch einen langen Augenblick, bis mir dämmert, dass es nicht mein Amir ist, der den Artikel geschrieben hat, sondern sein Namensvetter aus der Zwölften. Muss wohl noch etwas an meinen Geheimdienst-Fertigkeiten arbeiten.

Etwas später bitte ich Carl, seine Hausaufgaben vorzulesen. Hausaufgaben sind nicht so sein Ding, deshalb habe ich diese Kontrollroutine entwickelt. Heute hat er keine neue Ausrede parat, sondern fängt an zu lesen. Doch dabei klingt er, als hätte er erst letzte Woche lesen gelernt, und das kann ich ausschließen, denn ich kenne ihn seit seinem ersten Tag an dieser Schule.

Als ich mir sein Geschreibsel angucke, wundere ich mich nicht, das ist einfach unleserlich, und frage ihn deshalb, wie man denn so eine Schmiererei zustande brächte. Na ja, also genau genommen mache ich mich ein bisschen über seine Klaue lustig, mit Carl kann man das machen.

»Versuchen Sie mal in der irre ruckelnden U-Bahn abzuschreiben«, fordert er mich mit gespielter Empörung heraus. Wenn er nicht so viel Routine darin hätte, wäre es noch deutlich unleserlicher geworden. Wir könnten das ja mal zusammen ausprobieren und dann unsere Ergebnisse vergleichen, meint er. Die Mitschüler lachen über so viel offensive und vermeintlich entwaffnende Ehrlichkeit. Für diese Lacher macht er alles und nimmt gerne in Kauf, dass er das alles noch mal ordentlich und vor allem selber machen muss.

Carl ist gleichzeitig Klassensprecher und -Clown, außerdem ein super Schüler, der sich alles Mögliche erlauben kann und das auch tut. Auf Hausaufgaben verzichten zum Beispiel. Im Lehrerzimmer ist er deshalb nur so mittel beliebt. Manche Kollegen reagieren auf systematische Hausaufgabenverweigerung ähnlich wie auf Graffitis im Schulfoyer. Ich hingegen kann Carl gut verstehen. Wer mag schon Hausaufgaben? Das sage ich ihm aber besser nicht und den Kollegen natürlich auch nicht. Stattdessen kündige ich an, wegen dieser Hausaufgabensache mal wieder mit seinen Eltern zu sprechen, und frage mich und ihn, ab wann man da eigentlich von einer Telefonfreundschaft sprechen könne. Mit seinen Eltern würde ich jedenfalls häufiger telefonieren als mit meinen eigenen. Da könne man doch jetzt aber nicht den gleichen Maßstab anlegen, findet Carl, der Vergleich hinke ja mehr als Frau Frevert. Dabei grinst er, seine Chuzpe sichtlich genießend, und weil Kollegin Frevert wirklich hinkt, muss ich ärgerlicherweise losprusten und hoffe nun, dass ihr das niemand erzählt.

Kollege Schurmeister hat Eheprobleme. Seitdem ich davon weiß, fällt mir seine gebeugte Körperhaltung noch mehr auf als zuvor. Wenn er vor einem steht, dreht er das rechte Knie zum linken, als wollte es ein X-Bein sein, nur das linke spielt irgendwie nicht mit, das bleibt gerade. Als ich neu am Kessler war, dachte ich, er müsse einfach dringend auf die Toilette, bis mir auffiel, dass das eher unwahrscheinlich ist, weil er sehr lange so stehen kann. Dass ich von seinen Eheproblemen weiß, ist wenig verwunderlich. Wenn man an dieser Schule arbeitet, kommt man kaum daran vorbei, bis in alle Details eingeweiht zu werden. Diskretion ist nicht so sein Ding.

Sich mit Eheproblemen herumzuschlagen ist sicher keine schöne Erfahrung. So etwas kann das Leben durcheinanderwirbeln, und es ist kein Geheimnis, dass manche Menschen in solchen Situationen zur Redseligkeit neigen. Aber mal ehrlich, muss es das Lehrerzimmer sein? Kaum eine Pause vergeht, in der er nicht jedem, der auch nur kurz Blickkontakt mit ihm wagt, von seinen Sorgen berichtet.

Als das vor einigen Wochen losging, fragte ich mich, ob er keine Freunde hat. Aber wenn man ihm so zuhört, wird recht klar, dass es mit Freunden nicht so einfach sein kann. Ähnliches gilt wohl für seine Frau.

Das scheint Theresa aus der 7c anders zu sehen, die sorgt sich offenbar sehr um Herrn Schurmeister. Gerade hat die Fünfminutenpause begonnen, und ich höre, wie sie sich mit Johanna über dieses Thema austauscht. Kurz überlege ich, wie grotesk ich es finde, dass mein Kollege offenbar eine siebte Klasse mit seinen Beziehungsproblemen behelligt (unheimlich grotesk!), aber dann höre ich zu. Mit Erstaunen registriere ich, dass die beiden sich irritierend gut in Schurmeisters Privatleben auskennen. Man dürfe zum Beispiel, so höre ich jetzt, die Sache mit der Garage nicht vergessen, und klar seien die Schwiegereltern ein Problem, aber sei ja kein Wunder, wenn man die Garagensache bedenke. Und man müsse eben auch die Wünsche der Verwandtschaft berücksichtigen, sonst habe man doch sowieso verloren, das habe er selbst erkannt, müsse nun aber auch endlich entsprechend handeln.

»Der muss sich jetzt mal zusammenreißen, sonst sehe ich schwarz«, sagt Theresa, und Johanna stimmt zu. Kurzum: Schurmeister muss ganz schön viel erzählt haben. Ich finde es auch ziemlich beeindruckend, dass sie sich ernsthaft darüber Gedanken machen, wie Beziehungsprobleme entstehen und wie eine Lösung für Herrn und Frau Schurmeister gefunden werden könnte.

Theresa erklärt, der Schlüssel liege darin aufzupassen, dass man sich nicht auseinanderlebe. Deshalb sei es unbedingt notwendig, Gemeinsamkeiten zu pflegen, etwa oft gemeinsame Reisen zu unternehmen und sich immer über alles auszutauschen, was einen so beschäftige. Johanna pflichtet ihr bei und ergänzt, gemeinsame Interessen seien ganz wichtig, irgendwas mit Sport zum Beispiel. Das findet Theresa gut. Ja, die beiden könnten doch zum Volleyball gehen, oder zusammen einen Tanzkurs machen! Gute Idee, findet Johanna: »Dann fassen die sich auch endlich mal wieder an!«

$$a^2 + b^2 = c^2$$

BATMAN

Wie viele Schulen, die nach einem Menschen benannt sind, fühlt sich auch das Kessler dem Wirken seines Namensgebers verpflichtet. »Das Schulprofil ist ganz darauf ausgerichtet, den Schülern kulturelle Erfahrungen aller Art zu ermöglichen«, heißt es im Schulprogramm. Dank des spendierfreudigen Fördervereins ist die Schule, zumindest in bestimmten Bereichen, sehr gut ausgestattet. Regelmäßig finden öffentlichkeitswirksam inszenierte Aufführungen und Ausstellungen aller Art statt. Die Schüler werden zur Teilnahme an musischen Wettbewerben ermutigt und auf vielfältige Art unterstützt und gefördert. Es gibt zahlreiche Kooperationen mit Vereinen und Institutionen, und einmal im Monat findet der sogenannte *Kessler-Day* statt. Diese Veranstaltung wurde vor Jahren von der verstörend engagierten Kollegin Hülsmann ins Leben gerufen. Mittlerweile organisieren die Schüler alles selbst und laden jemanden ein, der singt oder rappt, liest oder slammt, spielt oder tanzt. Oder unterhaltsamen Quatsch erzählt. Anschließend spricht der Künstler mit den Schülern über Beruf und Berufung. Die Teilnahme ist freiwillig, und umso beeindruckender finde ich es, wie viele Schüler einmal im Monat ihren Mittwochnachmittag bei uns in der Aula verbringen. Das liegt auch daran, dass es die Organisatoren immer wieder schaffen, echte Promis einzuladen und deren Besuch dann über Presse, Stadtmagazine, Schülerzeitung und vor allem Instagram zu bewerben. Ab und zu kommen sogar Schüler zum *Kessler-Day*, die gar nicht aufs Kessler gehen, bessere Werbung kann es kaum geben.

Am Kessler ist es außerdem obligatorisch, an mindestens einer AG teilzunehmen, die meisten haben einen musischen Schwerpunkt. Theater, Film/Regie, Musik, Street-Art, kreatives Schreiben, Ballett, Poetry-Slam und so weiter. Jedes Jahr gibt es außerdem eine Projektwoche, in der fächerübergreifend an kulturellen Projekten gearbeitet wird.

Das alles gefällt mir sehr gut, es ist kein Zufall, dass ich hier arbeite. Umso enttäuschter bin ich, als ich mir die Arbeiten des Kunst-Leistungskurses ansehe, die seit ein paar Tagen im Foyer aushängen. Die Schüler und Schülerinnen sind irre stolz, und das dürfen sie auch sein. Dass die »Kunst« dabei fast gänzlich an Bastelarbeiten aus der Volkshochschule erinnert, ist okay, so ist das eben in der Schule, aber irgendwie hatte ich von den Schülern des Kessler mehr erwartet.

Nach Relevanz und Aufmerksamkeit lechzend, haben die Schüler die ausgestellten Objekte mit Reizworten wie »Geflüchtete«, »Liebe« oder »Trump« versehen. Was eben gerade gut geht. Da ist ja so ein Kunst-Leistungskurs platt wie die BILD, obwohl man sich doch eigentlich mit dem Gegenteil, nämlich Tiefgang, brüsten will. Meine Enttäuschung ist aber auch ein Resultat der überschwänglichen Anpreisungen, die im Vorfeld von unserer Fachleiterin für Kunst, Frau Hülsmann, zu vernehmen gewesen waren.

Frau Hülsmann ist am Kessler vor allem für zwei Dinge bekannt. Das Erste sticht sofort ins Auge, sie bevorzugt nämlich grelle Farbkombinationen und Schnitte, die konsequent auf pfiffige Asymmetrie setzen (das betrifft neben der Kleidung auch Frisur und Brille). Noch präsenter ist sie im Schulalltag aber mit massiver Werbung für alles, was die da im Kunstbereich so machen. Und auch im Fall der Ausstellung des Kunst-Leistungskurses im Foyer klang es im Vorfeld immer so, als sei sie praktisch die zukünftige Kuratorin des Humboldt Forums auf der Berliner Museumsinsel, die lauter Nachwuchs-Genies herangezogen hat. Dem ist jedenfalls sicher nicht so, wie jetzt jeder sehen kann. Dieses alljährliche Hülsmannsche Anpreisen der Ausstellung im Foyer hat eine ebenso lange Tradition wie die darauf folgende Enttäuschung. Ich falle trotzdem jedes Jahr wieder darauf rein. Ihre Begeisterung liegt auch darin begründet, dass sie vollkommen in ihrer Rolle als Kunst-Leistungs-kurs-Lehrerin aufgeht, sich unheimlich engagiert und aufreibt. Ihre Schüler im LK, sagte sie mal, seien ihre Kinder und deren »Kunstwerke« ihre Enkel. Kein Wunder also, dass sie die Werbetrommel so emotional und bis an die Grenze der Höflichkeit rührt. Und ebenso wenig vermag es zu verwundern, dass sie am Boden zerstört ist, wenn es auf diese Ausstellung kein berauschendes Feedback gibt. Da lässt sie dann auch keine Gelegenheit aus, auf ihr Eingeschnapptsein aufmerksam zu machen.

Gestern Nachmittag gab es zur Eröffnung der Ausstellung eine kleine Zeremonie, in deren Rahmen die Schüler und Schülerinnen über ihre »Werke« Auskunft gaben. Dabei sprach die Mehrheit von ihnen so reflektiert und zum Teil selbstironisch über den Arbeitsprozess, dass ich nachdenklich wurde. Komme nun zu dem vorläufigen Schluss, dass das Fach Kunst zu den wichtigsten überhaupt gehört. Bisher habe ich angenommen, es vermittle schlicht Allgemeinbildung und liefere bildungsbürgerliches Rüstzeug. Das allein ist ja schon gut, aber dabei habe ich offensichtlich den Schaffensprozess unterschätzt. Denn wie ich gestern hörte, lernen Schüler den Umgang mit dem Scheitern, beschäftigen sich mit ihrer Identität und der Erfahrung, alles unterzuordnen, um die Deadline einzuhalten – den wirklich wichtigen Dingen also.

Noch während ich resümiere, dass das Fach Kunst diese Schüler zu Erwachsenen gemacht zu haben scheint, fällt mir ein, dass ich kurz vor meinem Abitur mal ein Bild malen musste, bei dem ich versuchte, mein mangelndes Talent mit kindischem pseudo-humoristischem Strichmännchenquatsch zu kaschieren. Gilt also eventuell nicht grundsätzlich, dass Kunst zum Erwachsenwerden verhilft.

Frau Hülsmann und ich hatten einen komplizierten Start miteinander. Als ich neu an dieser Schule war, verwickelte sie mich gleich zu Anfang in ein Gespräch und klagte über ihre zahlreichen Gebrechen und Wehwehchen. Ich hörte höflich zu, wie sich das gehört. Das fasste sie offenbar als Einladung zu einem langen Monolog auf. Und weil wir uns noch nicht kannten, hörte ich lediglich zu und wagte nur ab und zu einen Einwurf oder eine Frage. Noch tastete ich mich vor, war auf der Suche nach dem richtigen Ton, dem richtigen Konversationsmodus. Wenn jemand im ersten Gespräch so potentiell intime Themen anschneidet, muss man ja erst mal schauen, was da los ist. Und als ich dann, bei aller Höflichkeit, mehrfach auf meine Uhr blickte und schließlich erklärte, ich müsse nun leider wirklich los, meinte sie, das würde ihr nichts ausmachen, sie werde mich einfach ein Stück begleiten. Natürlich widersprach ich nicht, und natürlich redete sie weiter, ihre Krankheitsgeschichte wurde länger und länger. Später wurde mir klar, dass sie einfach dankbar war, weil die meisten anderen im Kollegium das alles nicht mehr hören mochten und längst so abgestumpft waren, wie ich es heute bin.

Ein paar Tage später saß ich dann mit Lieblingskollege Eilers im Lehrerzimmer, und Frau Hülsmann klagte am Nachbartisch über ihre fragile physische Konstitution. Und zu allen Übeln käme noch, dass sie nun auch nachts ständig raus müsse. Da sagte Eilers ganz trocken: »Da haben Sie immerhin was mit Batman gemein.«

Ich lachte laut auf, weil ich das in diesem Moment sehr lustig fand – im Gegensatz zu Frau Hülsmann. Sie schaute Eilers und mich mit einer derartigen Mischung aus Zorn und Enttäuschung an, dass ich ahnte, dass hier gerade so etwas wie ein Gründungsmythos für eine Feindschaft entstand. Für sie muss es gewirkt haben, als würden wir ihre Probleme – und damit im Grunde auch sie – nicht ernst nehmen, uns sogar über sie lustig machen. Und das auch noch auf dem

Feld, das in ihrer Selbstwahrnehmung ihr ureigenes zu sein scheint. Zum Glück hat sich das wieder beruhigt, niemand will Feinde haben, und als ich irgendwann im Lehrerzimmer erzählte, dass ich vor Jahren mal in den Alpen geritten bin, schwärmte sie mir von Pferden vor. Ich glaube, das war ihre Friedenspfeife.

Immer wenn es um Österreich, unliebsame Meinungen, böse Menschen oder komische Frisuren geht, gibt es irgendeinen, der einen Hitler-Vergleich probiert. Diese Vergleiche funktionieren praktisch nie, wenn man sie auf Sinnhaftigkeit und Geschmack abklopft, sie entfalten aber trotzdem die gewünschte Wirkung. Aufmerksamkeit, Schreck und Lacher sind garantiert. Diese Fixierung ist der Faszination für das Totale, das Absolute geschuldet, Hitler ist der böse Superlativ schlechthin. Deshalb passt er, als Metapher zumindest, so gut in die Gedankenwelt von Schülern, die die leisen und subtilen Töne noch nicht zu schätzen wissen. Die meisten stehen auf den Holzhammer.

Ich will jetzt nicht unbedingt Mario Barth mit Hitler vergleichen, das wäre wenig leise und subtil, aber es ist kein Zufall, dass ein Mario Barth in der Schülerschaft ungleich mehr Anhänger hat als ein Loriot. Und nicht nur, weil Letzterer eher weniger bei Instagram unterwegs ist.

In meiner Klasse läuft das heute allerdings ein bisschen anders. Die Schüler arbeiten in Gruppen, jeder soll den anderen kurz eine Figur des 20. Jahrhunderts seiner Wahl vorstellen. Ich stehe am Tisch von Lasse, Marlene, Carl und Sophia und bin irritiert. Ich habe den Anfang nicht mitbekommen, höre aber nun von Sophia, der Führer habe dafür gesorgt, dass es den Menschen besser gegangen sei. Er habe sich vor allem um die Armen gekümmert und für Erleuchtung und Sinnhaftigkeit gesorgt. Ich gucke Sophia mit großen Augen an, doch sie lässt sich nicht beirren und erzählt tolle Sachen vom Führer. Na so was. Schon beeindruckend, wie viele Menschen dem gefolgt seien, aber klar, kein Wunder bei dem Charisma. Fände sie auch echt gut, dass er Vegetarier gewesen sei, damals schon, ganz schön visionär. Sophia ist in Fahrt, und ich bin blass. Ich muss jetzt hier mal einschreiten, da stimmt doch was nicht. Aber sie kommt mir zuvor und erklärt, dass er letztlich wegen all dem ja auch ermordet worden sei. Ha! Die Geschichte musste einen Haken haben, ich bin erleichtert und frage endlich, von wem sie denn jetzt die ganze Zeit geredet habe. Na von Gandhi natürlich, sagt sie, der sei doch von seinen Leuten Führer genannt worden. »Was haben Sie denn gedacht, wen ich meine?«

Kollege Willy Küppers ist Physiklehrer mit Daniel-Düsentrieb-Aura und trägt immer sehr groß karierte Hemden, meist kurzärmlig und offen, mit einem weißen T-Shirt drunter. Er ist eine Frohnatur, und niemanden überrascht es, dass er aus dem Rheinland stammt. Nicht nur Name und Wesen, der ganze Mann ist ein wandelndes rheinländisches Klischee. Bei jeder Gelegenheit steht er am Grill und kümmert sich ums Bier (mittlerweile trinkt selbst er Pils statt Kölsch), und sowohl Kollegen als auch Schülern erzählt er gern, er habe sein Geld in seinen stattlichen Bauch investiert. Dann lacht er schallend, reibt sich denselben und sieht sehr zufrieden mit sich und vor allem seiner »Plauze« aus (nennt er selbst so). Wer penetrant mit körperlichen Unzulänglichkeiten kokettiert, geht mir schnell auf die Nerven, aber mir ist auch klar, dass es sich dabei um den Versuch handelt, Spöttern den Wind aus den Segeln zu nehmen. Außerdem mag ich es, wie Küppers mir aus seiner Welt erzählt.

Er sei, erklärte er mir mal nach einem Sommerfest, mit Leib und Seele Leerkörper, und diese Leere müsse natürlich gefüllt werden. Grillen und Bier seien daher seine Leidenschaft. HAHAHA. Aus meiner Erfahrung sind es nur Lehrer selbst, die das Wortspiel »Leerkörper« wirklich lustig finden.

Küppers schätzt Basteln und Tüfteln (»Hab ich ne extra Werkstatt im Schuppen für!«) und das Fernsehprogramm (»Obwohl, manchmal is schon scheiße.«), sein Auto (»Gewaschen wird jeden Samstag vor der Sportschau!«) und die Bundesliga (»Union Berlin, großartig, aber mein Herz wird immer für den FC schlagen!«). Mit Bauch und Bleistift hinterm Ohr sieht er aus wie ein Baumarkt-Stammgast, und irgendwann erzählte er mir auch davon. Baumärkte seien die Abenteuerspielplätze des Tüftlers, er habe seiner Frau schon mal im Spaß gesagt, er möchte unter einem begraben werden.

Weil er gerne und mit großer Leidenschaft aus seinem Leben erzählt, und das alles immer so gemütlich und angenehm sorgenfrei klingt, muss ich oft an alte Heinz-Erhard-Filme und deren unbekümmerte Ach-das-wird-schon-wieder-Haltung denken. Weil Küppers und ich uns mögen, habe ich ihm das mal erzählt, da hat er »Ach Jott, mein Jung!« gesagt und mich an sich gedrückt.

Heute ist die Stimmung bei mir eher mittelmäßig. Pfaif-Böhring hat sich beschwert, weil ich meine Klasse während der Unterrichtszeit allein auf dem Schulhof gelassen habe. Da hat sie recht, die sollten dort in Gruppen mit ihren Smartphones eine Nachrichtensendung zum Mauerfall drehen. Breaking News, das geht im engen Klassenraum nun mal nicht so gut, und jetzt muss ich mir hier irgendeinen Quatsch zur Aufsichtspflicht anhören. Dabei war ich nicht weit weg und beriet eine Gruppe nach der anderen.

Diese ewige Meckerei der stellvertretenden Schulleiterin ist meiner Laune nicht zuträglich, und umso mehr weiß ich es zu schätzen, dass sich jetzt Willy Küppers nähert. Es ist ihm anzusehen, dass er etwas sagen will und danach auf jeden Fall sein dröhnendes Küppers-Lachen lachen wird. Ich finde seine Witze eigentlich nie so gut, wie er sie findet, oft lächle ich nur aus Höflichkeit, ist ihm aber egal, er erzählt mir trotzdem ständig alle Schmunzeleien, die in seinem Kopf herumgeistern. Ich freue mich jedes Mal für ihn, und seine Laune steckt mich manchmal wirklich an. Nun sitze ich hier in Erwartung einer neuen Küppers-Weisheit, eines Spruchs oder Schenkelklopfers, und er enttäuscht mich nicht. Glucksend erklärt er, beschlossen zu haben, seinen Bauch ab sofort »Calli« zu nennen. »HAHAHAHA!«

PFERDEWENDYWELT

Die Schüler nennen die Schule »Das Harry«, und irgendwann haben meine Lieblingskollegen und ich auch damit angefangen. Einfach weil wir das ständig von den Schülern hören. Als Frau Pfaif-Böhring uns darauf ansprach und wir versuchten, mit ihr über Framing und Corporate Identity zu sprechen, schaute sie uns an, als hätten wir etwas Unanständiges gesagt. Sie habe vor drei Jahren eine eigene E-Mail-Adresse erhalten, und jetzt müsse auch mal Schluss sein.

Zum Glück ist es jedoch nicht nur Frau Pfaif-Böhring, die die Geschicke des Kessler lenkt. Unser Schulleiter Dr. Johannes Wohlert ist ein jovialer älterer Herr mit Segelohren, schlohweißem Haar und verschmitzten Augen. Im Kollegium ist er ebenso beliebt wie in der Schüler- und Elternschaft, und dass es am Kessler so ausgezeichnet läuft, ist ohne Frage vor allem auf ihn zurückzuführen. Sein Engagement und seine Kompetenz sind das eine, mindestens genauso wertvoll ist seine Schulleiter-Aura, die sich aus Güte, Eloquenz und Weisheit speist. Klingt ein bisschen pathetisch, ist aber so. Hätte Astrid Lindgren mal über einen Schulleiter geschrieben, dann wäre meiner ihr Vorbild gewesen.

Zur Wahrheit gehört allerdings auch, dass er Innovationen, vor allem technische, nie wirklich forciert, geschweige denn initiiert. Ist einfach nicht sein Thema, aber ist es bei Astrid Lindgren ja auch nicht. Ja, war vielleicht einfach eine andere Zeit damals in Bullerbü. Einen Schulleiter wie ihn zu haben kann man jedenfalls gar nicht hoch genug einschätzen. Im Zweifel blockt er jeden Quatsch von Eltern oder Kollegen ab, so war das auch heute wieder, es fühlt sich an, als könnte ich mich immer auf ihn verlassen.

Wie in jeder WhatsApp-Gruppe von Jugendlichen kursieren auch in der Gruppe meiner Klasse Bilder aus dem Netz, die eigentlich nicht für Jugendliche bestimmt sind. Ein Pferd mit Dildo auf dem Kopf, über dem »Einhorn« steht, und solche Sachen, delikater wird es nicht, soweit ich das überblicken kann.

Die Schüler geben sich keine Mühe, diese Bilder vor mir zu verbergen, manchmal zeigen sie mir das eine oder andere. Ein paar Mal musste ich schon grinsen, meistens hält sich das aber in engen Grenzen, ist eben Schülerhumor. Ich hätte allerdings nie damit gerechnet, dass sich deshalb Sophias Vater, Herr Thoma, einschalten und per Rundmail an alle Eltern meiner Klasse die Einberufung einer Klassenkonferenz fordern würde. Kann er haben. In der E-Mail heißt es zur Begründung unter anderem, man könne »die Vorfälle im Zusammenhang mit den unsittlichen Bildern, die über den Messenger-Dienst WhatsApp verschickt wurden« nicht ignorieren. »Lückenlose Aufklärung« sei das Gebot der Stunde. Außerdem müsse das »unangemessene Verhalten des Klassenlehrers« (das bin dann wohl ich) thematisiert werden, »der, anstatt einzugreifen, die Schüler durch sein Lachen noch bestärkt hat«. Aus den nächsten Zeilen geht hervor, dass tatsächlich das »Einhorn« Stein des Anstoßes ist. Schulleiter natürlich gleich in CC.

Als ich Dr. Wohlert aufsuche, lächelt er mir schon entgegen. Ich habe nicht nur den Eindruck, dass er weiß, weshalb ich auftauche, sondern auch, dass er das alles ganz unterhaltsam findet. Nun hatte ich schon vermutet, er würde die Angelegenheit galant wegschmunzeln, aber ich habe nicht damit gerechnet, dass er nun seinen Monitor dreht und mich bittet, sich mit ihm gemeinsam Bilder aus dem Netz anzuschauen. Er hat sich offenbar auf meinen Besuch vorbereitet und Bilder gesucht, die zur Beschreibung passen. Ja, und dann sitzen wir da und schmunzeln um die Wette. Hihi, gucken Sie mal hier.

Am Abend checke ich meine E-Mails und freue mich über den unerwarteten Zuspruch anderer Eltern. Sie scheinen das Bedürfnis zu haben, mich zu verteidigen und Herrn Thoma in die Schranken zu weisen. Finde ich gut. Carls Mutter führt nüchtern die rechtlichen Aspekte zu WhatsApp-Gruppen aus, selbstverständlich habe ich nichts zu befürchten, und Marlenes Vater schreibt, er fände das Bild eigentlich ganz lustig und erklärt wunderbar emphatisch, warum junge Menschen so etwas machen. Mit Eltern ist es eben wie mit Schülern, Kollegen und ja eigentlich sowieso allen Menschen: Es gibt solche und solche, manchmal hat man Glück und manchmal nicht.

Als ich heute in die Schule komme, steht im Foyer ein Pulk um die weiße Wand. Die ehemals weiße Wand. Es ist keine drei Wochen her, dass da **WER DAS LIEẞT IST DOOF** stand, bevor es ein paar Tage später überpinselt wurde. Da Dombrowski aber offenbar nur eine, höchstens zwei Schichten Farbe aufgetragen hatte, konnte man, wenn man genau guckte, den Spruch noch durchschimmern sehen. Aber das ist jetzt egal, weil da was Neues steht: **DU TANNZT WIE EIN PFERD.**

»Oha, schon wieder!«, raunt es grollend und schimpfend durchs Lehrerzimmer und freudig glucksend durch Klassenräume und Flure. Da scheint ein Wiederholungstäter am Werk zu sein, fürchten die einen und hoffen die anderen. Und irgendwer fragt, wie »tannzen« wohl gehe.

Weil die Macher der unregelmäßig erscheinenden Schülerzeitung schlau sind, greifen sie die Angelegenheit auf. Das Thema ist nun mal gerade das heiße Ding, und mit heißen Dingen lässt sich Geld machen, das begreifen schon Schülerzeitungskids. Sie spielen jetzt also ein bisschen investigativen Journalismus, ohne je von dem Begriff oder dem, was er meint, gehört zu haben. Das machen die instinktiv ganz großartig. Sehen nur nicht alle so, es gibt Lehrer, die die Zeitung grundsätzlich ablehnen. Das liegt unter anderem daran, dass einige sie unironisch mit Magazinen und Zeitungen aus dem regulären Handel vergleichen (»also den SPIEGEL lese ich schon lieber«), was ein bisschen ungerecht ist. Carl würde sagen, der Vergleich hinke mehr als Frau Frevert. Außerdem finden sich in der Schülerzeitung ständig aus dem Kontext gerissene Lehrer-Zitate. Im Lehrerzimmer wird auch regelmäßig behauptet, dieses oder jenes Zitat sei doch »völlig frei erfunden!«, Relotius-Alarm, man beäugt das kritisch.

Darüber hinaus trägt die Zeitung den Namen »FAG«. Das war mal die Abkürzung für das »Fernmeldeanlagegesetz« aus dem Jahr 1892. Die Gründer der Schülerzeitung, es ist lange her, hielten es für einen charmanten Zug, der Regelung für das Übertragen von Informationen über Telegraphen eine Referenz zu erweisen. Denn Informationen zu verbreiten war schließlich auch ihr Anliegen. Mittlerweile bedeutet FAG nach inoffizieller Eigenauskunft der Redaktion allerdings »Für alle Gangster«. So ändern sich die Zeiten, das sagen nicht nur die Kulturpessimisten im Lehrerzimmer. Wie dem auch sei, des Pudels Kern ist die Aussprache, denn, man ahnt es, alle sagen: »FUCK«. Und das finden Lehrer und Eltern nicht gut. Schülerzeitung ist also ein schwieriges Thema am Kessler.

Auf dem Titel der neuen FAG steht jetzt jedenfalls: »Wer ist Mister X?« Gemeint ist der Graffiti-Sprüher, und in der Geschichte dazu wird munter spekuliert. Später im Heft wird die Leserschaft gar aufgefordert, Wünsche zu äußern: »Was soll Mister X als Nächstes sprühen?« Aus all dem wird nicht ganz klar, ob die Redaktion weiß, wer der Sprüher ist. Vielleicht steckt sie sogar selbst dahinter, und das alles ist ein geschickter Marketing-Gag für die FAG? Jedenfalls feuern sie die Gerüchteküche mustergültig an, das generiert prima Verkaufszahlen, Julian Reichelt sollte das mal beobachten. Und ich überlege derweil, wie ich das Thema in meinen Unterricht einbauen kann. »Die Aufmerksamkeitsökonomie der Medienbranche am Beispiel der FAG – populistische Effekthascherei oder geniales Marketing?« Alte Lehrerregel: Wenn Schüler für etwas brennen, muss man das aufgreifen. Hat bei Pokémon Go auch schon ganz gut geklappt.

Wer sich offensiv zu seiner Religion bekennen will, hat dafür vielfältige Möglichkeiten. Man muss ja nicht gleich missionieren, aber die eigene Gedanken- und Geisteswelt kann man recht einfach vor sich hertragen. Es gibt ja kaum eine Diskussion, in der man seinen Standpunkt nicht deutlich machen und religiös begründen kann. Auch was Äußerlichkeiten betrifft, steht einem ein ordentliches Arsenal zur Verfügung. Man hängt sich die bekannten Insignien und Symbole um oder setzt sie auf, fertig.

Ähnlich verhält es sich auch bei der ein oder anderen Religion, an die die Schüler glauben. Mit Fußball zum Beispiel. Jeder kennt die Jungs, die von der ersten Klasse bis zum Abitur ausschließlich im Bayern-München-Trikot im Sportunterricht rumspringen, und der Mythos Fanbettwäsche hat nach wie vor seinen Stammplatz in unzähligen deutschen Kinder- und Jugendzimmern. Bei anderen Schülern sind es Subkulturen, mit deren Symbolen man sich ausstaffiert, heute meistens Hip Hop. Obwohl das nicht mehr viel mit Subkultur zu tun hat, mehr Mainstream geht ja fast nicht, aber das ist eine andere Geschichte.

Karla aus meiner Klasse machte sich nie etwas aus den klassischen Religionen. Auch Fußball oder Hip Hop waren nicht so ihrs. Es waren Pferde, sie war ein echtes Pferdemädchen. Das sind nicht meine Worte, das sagt sie selbst über sich.

Diese Eigenauskunft brauchte es allerdings gar nicht, denn als ich ihr Klassenlehrer wurde, war das kaum zu übersehen. Es ist immer wieder beeindruckend, auf wie viele Weisen man seine Gesinnung zum Ausdruck bringen kann und was sich die Werbung ausdenkt, um unschuldigen kleinen Geschöpfen die letzten Cents aus der Tasche zu ziehen. So in etwa sehen es zumindest ein paar ältere Kollegen, und ich kann nicht behaupten, vollständig anderer Meinung zu sein. Karla war voll und ganz in die Pferdewendywelt eingetaucht. Kleidung, Schuhe, Schultasche, Federtasche, Stifte, Haarspange und Wasweißichnochalles, überall waren Pferde drauf, es war gruselig.

Dass diese Art der Religionsausübung zu Problemen in allen möglichen Lebensbereichen führen kann, kam mir lange nicht in den Sinn. Gut, natürlich hatte ich schon mal mitbekommen, dass sich Freundschaften als unmöglich gestalteten oder erst gar nicht zustande kamen, wenn ein Bayern-München-Fan erfuhr, dass sich sein Sitznachbar zu Borussia Dortmund bekannte, klar. Aber darüber hinaus hatte ich doch eher weniger Berührungspunkte mit diesem Themenkomplex.

Zumindest bis ich vor etwa ein oder zwei Jahren mal ein richtiges Pferdemädchengespräch zwischen Karla und ihren Freundinnen aufschnappte. Es war in einer großen Pause, ich stand im Foyer gleich neben den Schließfächern, als mich Kollege Crust ansprach. Es gibt Schüler und Lehrer, die ihn hinter vorgehaltener Hand »The Donald« nennen, weil Korrektheit eher nicht so sein Ding ist. Er fragte, ob echt Marlene zusammen mit Carl zur Klassensprecherin in meiner Klasse gewählt worden sei. Die sei doch weder cool, noch schön, noch schlau. Als ich empfahl, dass ich das an seiner Stelle lieber nicht laut im Lehrerzimmer fragen würde, rollte er mit den Augen. Meine Güte, mal ehrlich, so sei das doch nun mal, aus diesen Gründen wählten Schüler doch ihre Klassensprecher. Kann man gut finden oder nicht, ist aber so. In den meisten Fällen müssten mindestens zwei dieser Kriterien erfüllt sein, erklärte er mir. Humor funktioniere mitunter auch, Bestechung sowieso. Aber meistens: cool, schön oder schlau. Am besten alles zusammen. Und das Allerwichtigste: Ausstrahlung und Selbstbewusstsein.

Während wir uns weiter über Klassensprecher unterhielten, er machte sich mittlerweile darüber lustig, dass Kollegin Hülsmann seit Jahren eine Mädchenquote für dieses Amt forderte, schnappte ich auf, wie sich Karla und ihre Freundinnen unterhielten. Das schien mir gerade deutlich unterhaltsamer, und weghören ging kaum, die sprachen wirklich energisch und laut. Die Frage, die offenbar im Raum stand und lebhaft diskutiert wurde, lautete: Soll Karla die Pferdeposter in ihrem Zimmer abhängen, bevor ihr »neuer Typ« sie am Nachmittag zum ersten Mal besucht? Die Antworten, die ich aufschnappte, reichten vom flehenden »Ununbedingt! Ist doch voll peinlich!« bis hin zum demonstrativ selbstbewussten »Er muss dich akzeptieren, wie du bist!« Letztere Fraktion argumentierte, wie man es aus Ratgebern aller Art zur Genüge kennt. Aber natürlich sind das die Plattitüden aus einer unrealistischen Welt. Keine Ahnung, warum Ratgeberschreiber denken, man werde selbstbewusst und erfolgreich, wenn man sich nicht auf den anderen einstellt und sich keine Mühe gibt. Das nennen die dann authentisch. Es gibt ein Lied, in dem es heißt, man solle niemals man selbst sein – das finde ich übertrieben, aber sich bemühen und auf den anderen einstellen, finde ich schon ganz okay. Eigentlich sogar ratsam, man muss sich ja nicht gleich ganz verraten. Immerhin zwei von Karlas Freundinnen schienen in Erwägung zu ziehen, welche Wirkung Pferde-Poster im Zimmer eines fünfzehnjährigen Mädchens auf einen fünfzehnjährigen Jungen haben könnten. Ich wäre gerne losgestürmt und hätte Karla beiseitegenommen, um ihr den rettenden Ratschlag zu geben, aber sich als Lehrer in solche Dinge einzumischen wäre vielleicht etwas unangebracht gewesen.

In dieser Zeit war Karla enorm gewachsen, nur einige wenige Jungs in meiner Klasse waren noch größer, aber Gestik und Verhalten schienen nicht mithalten zu können. Ihre Arme baumelten seltsam ungelenk am Körper herunter, alle Proportionen wirkten eigenartig und irgendwie falsch. Außerdem schien sie immerzu beleidigt, und ständig hörte man von ihr Äußerungen wie »Das ist so-ho fies!« oder »Och menno!«. Sie erweckte den Eindruck, es geschehe ihr andauernd großes Unrecht. Ich wunderte mich deshalb, dass sich die Pferdeposterfrage stellte, hätte nicht vermutet, dass sie sich echt schon für Jungs interessierte. Und über das offenbar vorhandene Interesse der Gegenseite wunderte ich mich mindestens genauso.

Nur ein halbes Jahr später, Karla hatte Gliedmaßen und

Beleidigtsein inzwischen im Griff, begannen einige Jungs aus der Oberstufe ihretwegen regelmäßig vorm Klassenraum rumzulungern. Karla hatte inzwischen einen Ruf, obwohl ich noch nicht ganz durchschaute, wie es dazu gekommen war.

Eines Tages sprachen wir dann im Unterricht über Ziele, die wir im Leben haben. Was treibt uns an, wo wollen wir hin und so weiter. Die meisten schwiegen, einige spielten die altersgemäße Hedonismuskarte (»viel zocken«, »hart chillen«), und dann meldete sich Karla. Ihr Wunsch sei es, erklärte sie nachdenklich, ihren eigenen Stil zu finden. Da war es kurz ganz still, und ich hatte den Eindruck, dass hier gerade keiner so recht verstand, wovon sie sprach. Gleichzeitig ahnten aber alle, dass Karla irgendwie schon viel weiter sein musste. Wie erwachsen die klang.

Wenig später entdeckte sie Instagram für sich, und bald schon galt es als Auszeichnung, wenn Karla einem folgte oder gar ein Bild likte oder kommentierte. Danach giert heute die halbe Kessler-Schülerschaft. Ich weiß nicht, wie sie es anstellt, aber über ihren Account wird gesprochen, als handle es sich dabei um den Maßstab für einen gelungenen Social-Media-Auftritt. Kann also kein Pferdewendywelt-Account sein, die Zeiten scheinen vorbei.

AUTODIEB

Irgendwie haben Schüler aus meiner Klasse mitbekommen, dass in Berlin die Wahlen zur Gesamtschwerbehindertenvertretung anstehen, die von den regionalen Schwerbehindertenvertretungen gewählt werden, so heißt das alles wirklich. Ziemlich lustige Worte, finden zumindest meine Fünfzehn- und Sechzehnjährigen, und offenbar wurde in der WhatsApp-Gruppe meiner Klasse darüber diskutiert, welche Kollegen da nun gewählt werden sollten. Es kursierte angeblich sogar eine Art Rangliste zur Frage, wer aus der Lehrerschaft eigentlich am behindertsten sei. Wenn ich das richtig verstanden habe, zählt demnach klassisches Humpeln und andauerndes Klagen über das Verlegen von diversen Brillen mehr als willkürliche Notengebung, aber weniger als Instagram-nicht-Kennen und ständig unangekündigte Tests schreiben zu lassen.

Das ist nicht nett, aber es wundert mich nicht. Schüler in diesem Alter kommen auf solche Ideen. Vielen fehlt die Sensibilität, weil fehlender Horizont, weil fehlende Reife. Es ist aber nicht so, dass sie plump provozieren wollen, dafür geben sie sich zu viel Mühe, die Sache nicht nach außen dringen zu lassen. Provokationen dagegen brauchen Öffentlichkeit. Der

Spaß entsteht vielmehr dadurch, dass man das Unerhörte, die Eingruppierung von Lehrern in Ranglisten nach dem Grad einer vermeintlichen Behinderung, eben nur im Geheimen, innerhalb der Peergroup sagt. Damit wollen sie gar keine Erwachsenen ärgern; keine gesunden und gehandicapte erst recht nicht. Sie finden das einfach wirklich witzig.

Überhaupt kein bisschen witzig findet das allerdings Herr Thoma, Sophias Vater. Von dem habe ich nun eine Mail bekommen, in der ich über die Rangliste im Klassen-Chat in Kenntnis gesetzt werde. Sophia hat also offenbar Teile aus dem Klassenchat ihrem Vater gezeigt, und dieser hat sich jetzt an mich gewandt. Nicht nur sei die Gesamtschwerbehindertenvertretung eine wichtige Institution, auch sei es äußerst bedauerlich, dass ich als Klassenlehrer es nicht gewesen sei, der die Klasse über deren Existenz und Wirken aufgeklärt habe, das solle ich bitte nachholen. Dann zitiert er die problematischen Stellen aus dem Klassenchat. Manches ist wirklich hart, Frau Freverts Humpeln ist noch das Harmloseste. Wie geht man nun damit um? Mit lehrermäßigem Zeigefingerfuchteln kommt man jedenfalls eher nicht weit. Vielleicht lade ich Herrn Thoma ein, der hat vermutlich schon einen Plan.

Kollegin Hülsmann hat ein kolossales Mitteilungsbedürfnis, das sich mit einem fast gleich großen Rechtfertigungsdrang paart, egal worum es geht. Letzte Woche erzählte sie mir ungefragt – und zwar zum dritten Mal seit ich an dieser Schule bin –, dass sie keine Kinder habe, weil sie nie welche gebraucht habe (sie sagt echt »gebraucht«). Schließlich habe sie in der Schule doch schon so viele. Und außerdem müsse ich wissen, dass die Pflege ihrer Hunde sie immer so in Beschlag genommen habe, dass an Nachwuchs nie zu denken gewesen sei. Ich weiß nie so recht, was ich darauf sagen soll. Sie tut mir immer ein bisschen leid, weil sie offenbar niemanden hat, der ihr zuhört. Aus Mitleid zuhören, fände ich aber auch nicht fair, und vor allem habe ich die Sorge, sie könnte mir dann noch viel mehr erzählen.

Meine Alarmglocken klingelten das erste Mal sehr laut, als sie mir irritierend ausführlich von ihren Krankheiten erzählte. Nur ein paar Monate später bekam ich dann in den Sommerferien eine Mail mit Urlaubsfotos aus Italien. Wir kannten uns kaum, hatten nur einmal zusammen eine Klasse auf einem Wandertag begleitet, und jetzt schickte sie mir, persönlich, nicht etwa in einer Rundmail, Dutzende Fotos vom Strand. Und zwar ausschließlich Selfies. Mit ihren Hunden. Jedes war zusätzlich mit der Information versehen, welchem Hund es gerade warum gut oder nicht so gut ging. Wer macht denn so was? Das ist doch unheimlich. Ich antwortete nicht und ging ihr nach den Ferien so konsequent aus dem Weg, dass ich hoffte, sie würde begreifen, dass ich auf eine Intensivierung unserer distanzierten kollegialen Bekanntschaft keinen größeren Wert lege, aber Pustekuchen. Irgendwann erwischte sie mich allein im Lehrerzimmer, und dann war ich wieder fällig.

Vorgestern klagte sie dann über ihre Krampfadern. Kenne mich da nicht so aus, aber da ist wohl gerade was akut. Wie kommt sie bloß auf die Idee, dass ich, oder irgendwer sonst, sich für ihre Krampfadern interessieren könnte?

Weil sie wohl merkt, dass der Resonanzraum für ihre Geschichten im Lehrerzimmer sehr überschaubar ist, müssen, das war so klar, die Schüler herhalten. Die Armen können ja nicht einfach so das Klassenzimmer verlassen und sind insofern leichte Beute.

Heute schnappe ich dann in der kleinen Pause auf, wie Murat aus der 5c, der mich immer ein bisschen an Samson erinnert, seine Mitschülerin Mira fragt, was eigentlich Krampfadern seien und wie man diese bekomme. Auf die Antwort bin ich jetzt auch gespannt, ich habe keine Ahnung. »Wenn man Kinder bekommt, bekommt man auch Krampfadern!«, sagt Mira und klingt dabei überraschend fachkundig. Murat denkt nach und legt dabei seinen Kopf schief, so dass er jetzt wie Klaus Kleber mit Samsongesicht aussieht, kneift die Augen ein bisschen zusammen und fragt: »Hat Frau Hülsmann dann Krampfadern bekommen, als sie ihre Hunde gekauft hat?«

In Ermangelung adäquater Unterrichtsvorbereitung – gestern musste ich ganz dringend ein paar Folgen *4 Blocks* gucken (ab wann nennt man das eigentlich »Binge Watching«?) – schreibe ich meiner Klasse zu Stundenbeginn spontan einigermaßen willkürlich Begriffe an die Tafel, die klingen, als hätte ich sie mir vorher überlegt. Dann bitte ich die Schüler, in Gruppen aus diesen Wörtern Fragen zu bilden, die mit unserem Thema zu tun haben. Die werden dann vorgestellt, wir picken uns zwei raus und diskutieren sie anschließend im Plenum. So ganz verstehe ich auch nicht, wie es dazu kommen konnte, dass meine Klasse dann so richtig leidenschaftlich darüber diskutiert, ob Fußballvereine, Instagram oder die Einführung eines bedingungslosen Grundeinkommens einen größeren Beitrag für den Zusammenhalt einer Gesellschaft leisten könnten. Diskussionen zu Fragen, die man nicht von langer Hand geplant und vorbereitet hat, machen meistens keinen Spaß, wenn sie nicht mit Substanz unterfüttert sind. Das nervt schnell, von der Sinnhaftigkeit ganz zu schweigen. Trotzdem ist das manchmal erfrischend, und nicht selten bin ich beeindruckt, mit welcher Kreativität neue Perspektiven eingenommen und Ideen fabriziert werden, das ist manchmal regelrecht berauschend. Okay, zugegeben, das mit dem Realitätsbezug darf man nicht so eng sehen. Vielleicht sollte man viel öfter die Jugend mit ihrem Mut und ihrer Offenheit zurate ziehen, wenn es um Zukunft und Visionen geht. Hallo Annalena, Armin, Christian, Janine, Robert, Susanne und WerauchimmerdieSPDgeradelenkt: Kommt mal rüber, meine Klasse ist ein »Future Lab«.

Wenn es um Instagram geht, sind die Fronten geklärt. Eigentlich gibt es gar keine, merke ich jetzt. Denn fast alle nicken, als Jannis ausführt, wie wichtig Instagram für die Identitätsbildung sei, zumindest sehe er das so. Ich sehe das ein bisschen anders, aber vielleicht hat er ja recht. Seine Ausführungen klingen für mich irgendwie dystopisch. Obwohl ich eifriger Social-Media-Nutzer bin, finde ich die Vorstellung, dass Instagram wichtig für die Identitätsbildung sein könnte, beunruhigend.

Allein, dass sich fast alle Altersgenossen damit beschäftigen, sagt Jannis, führe dazu, dass es sich anfühlt, als lebe man in der gleichen Welt und ziehe am selben Strang. Ich habe manchmal den Eindruck, Teile meiner Klasse leben tatsächlich in dieser Insta-Welt. Deshalb wundere ich mich auch nicht, dass sie den Wert von Social Media wesentlich höher einschätzen als den des bedingungslosen Grundeinkommens. Ist von ihrer Lebensrealität nun mal meilenweit entfernt. Fußball sei auch wichtig, aber das gucken weniger Menschen, als es Instagram-Nutzer gibt.

Beim Thema Social Media sind die jedenfalls hellwach. Karla und Sophia vertreten die Position, Bundestagsdebatten sollten in das Format der Insta-Storys gepresst werden. Dazu müsse es die Möglichkeit geben, durch Likes abzustimmen, und fertig wäre die bessere Demokratie, die man dann eben nicht mehr parlamentarische, sondern halt Instademokratie oder so nennen könnte. Volksabstimmungen 4.0.

Nein nein, ganz anders, finden Marlene, Jannis und Eva, man müsse für Entscheidungsfindungen die Menschen versammeln. Nur so entstehe Identifikation. Also bitte weder virtuell noch repräsentativ vorgehen. Parteien weg, und um das Gelingen zu gewährleisten, alles auf Kommunen verlagern, damit niemand durchs ganze Land fahren müsse. Die Leute würden dann auch wirklich mitmachen, wenn man mit steuerlichen Anreizen arbeiten würde. Wer immer mitmacht und abstimmt, zahlt nur halb so viele Steuern. Alle Vorschläge erinnern schwer an Rousseau, aber so ist das bei Idealisten ja fast immer. Rousseau reloaded.

Ich finde es jedenfalls spannend, dass immer wieder das Schaffen einer gemeinsamen Identität als Ziel formuliert wird. Gemeinschaft und Kollektivgeist, sagt Marlene, seien die Grundlage einer jeden funktionierenden Gesellschaft. Gleichzeitig sind sich alle einig, dass kaum etwas wertvoller ist als Individualität. Und um alle Schlüsselwörter aus gesellschaftspolitischen Debatten auf den Tisch zu legen, erklärt Sophia, wenn sich die Individualität nicht auch in ungleicher Bezahlung niederschlage, sei das ungerecht. Gleichheit also gleich Ungerechtigkeit, auch wenn Ungleichheit ja gerne mit Ungerechtigkeit verwechselt werde.

Ich fühle mich jedenfalls wunderbar unterhalten und bin klassenlehrermäßig stolz auf meine Diskutanten. Und erst als Carl die Frage aufwirft, ob es nicht total ungerecht sei, dass Herr Crust vermutlich genau so viel verdiene wie Frau Hülsmann, mische ich mich ein, biege das Thema um und erzähle, zur gemeinsamen Identität falle mir ein, wie das früher war:

In meiner Schulzeit haben alle *Wetten, dass..?* geguckt, Lehrer und Schüler. Und dann wurde auf dem Schulhof alles besprochen und diskutiert und noch mal mitgefiebert und nachgelitten. Michael Jacksons Earth Song und immer diese irren Bagger-Wetten, und Götz George brüllt rum, und was war das denn bitte für eine unglaubliche Wette, als der Typ behauptete, er könne Weizengläser aus einer erstaunlichen Höhe runterwerfen, die dann wegen dem Wurfwinkel oder so heil bleiben sollten, aber am Ende zersprangen doch einfach sämtliche Gläser am Boden, und dann waren da nur noch Scherben und Scham. Das gemeinsame Besprechen auf dem Schulhof hat sich nach Gemeinschaft angefühlt. Ja, und außerdem vermisse ich Thomas Gottschalk.

Ich bin kein Freund von Lehrer-Monologen, passiert mir fast nie, jetzt aber eben doch, und nun merke ich, dass die meisten zwar interessiert, aber irgendwie irritiert gucken. Und dann meldet sich Carl und fragt, was eigentlich *Wetten, dass..?* und wer dieser Thomas Gottschalk sei. Kurz, nur ganz kurz, frage ich mich, ob das jetzt der Untergang des Abendlandes ist, oder ob ich einfach alt bin.

Heute irgendeine Quatschkonferenz, ich schaffe es kaum mitzubekommen, worum es geht. Meine Gedanken sind bei Jogi Löw und bei Küppers. Der sitzt neben mir und tuschelt mich pausenlos an. Also Küppers, nicht Löw, leider. Wobei das schon ganz in Ordnung ist mit Küppers, grundsätzlich und jetzt gerade erst recht, es ist sogar sehr lustig, Küppers-sche Schenkelklopfrigkeit hin oder her. Vor der Konferenz tigerte er grinsend auf dem Flur rum, und als er mich sah, rieb er mit der linken Hand seinen Bauch, das macht er oft, wenn er was sagen will, und tippte sich mit Zeige- und Mittelfinger der rechten grüßend an seine hutlose Stirn. Dabei lächelt er dann immer so genießerisch, dass klar ist, dass da was raus muss. Ja, und jetzt sitzt er also neben mir und erzählt mir von seinem Auto, das er gestern nach Unterrichtsende habe aufschließen wollen. Wie schon mehrmals in der letzten Zeit habe das nicht funktioniert, weil das Autoschloss alt und der Tag kalt gewesen sei. Deshalb habe er jetzt immer ein Feuerzeug dabei. Nach kurzer Erwärmung habe sich der Schlüssel dann schnell drehen lassen. Gestern aber sei das ein bisschen anders gelaufen. Er habe da wieder gestanden, die Flamme abwechselnd an Schlüssel und Schloss haltend, und dann eben noch mal und noch mal versucht, die Tür aufzuschließen. Das wollte nicht gelingen, egal wie er auch wärmte, drückte, zog und rüttelte, die Tür sei nicht aufgesprungen. Minutenlang habe er es versucht und dann, ganz plötzlich, habe sich jemand hinter ihm geräuspert, und er sei gefragt worden, warum er sich da an diesem Auto zu schaffen mache. Es habe echt ein bisschen gedauert, bis er begriffen habe, dass das nicht sein Auto, sondern das von Kollegin – und Vorgesetzter – Pfaif-Böhring gewesen sei. Hoppla. Und dann habe er ihr lang und breit erklären müssen, dass sie beide das gleiche Modell fahren, das müsse sie doch auch schon mal bemerkt haben. Bis zum Schluss seiner Ausführungen habe sie ihn angeschaut, als würde sie ihm das alles kaum abnehmen, als hielte sie ihn für einen Autodieb. Das sei doch unglaublich, sagt Küppers jetzt, lächelnd und schon wieder seinen Bauch reibend. Er habe beschlossen, sich zu amüsieren, das sei immer und grundsätzlich die beste Entscheidung.

LIEBESKUMMER

Die Frage, ob junge Menschen in der Schule wirklich auf das Leben vorbereitet werden, ist in Talkshows, an Stammtischen und bei Twitter regelmäßig Gegenstand zäher Debatten. Und fast immer lautet die Antwort: kein bisschen. Dass Schule Schüler zu mündigen Bürgern macht, die sich dann selbstständig in alles reinfuchsen können, wird dabei gern ausgeblendet. Heute werde ich auf unerwartete Weise mit dem Thema konfrontiert. Karla hat etwa ein Dutzend mit Helium gefüllte Ballons mitgebracht und lächelt meine Frage nach dem Grund dafür einfach weg, Geburtstag hat sie nicht.

Später in der kleinen Pause schnappe ich ein paar Sätze auf: Wenn ich das richtig verstehe, hat sie jetzt über 8000 Follower bei Instagram und ist deshalb in Feierlaune. Flüsternd wird spekuliert, sie habe auch Angebote, Produkte zu bewerben, dann wäre sie eine richtige Influencerin. Und das, so viel habe ich in den letzten Jahren in diesem Job gelernt, ist ohne jeden Zweifel eine Karriere (oder kann man sagen ein Beruf?), von der die halbe Schülerschaft träumt. Immer wenn in der Schule von Social-Media-Profilen die Rede ist, denken die einen an plumpe Selbstdarstellung und rümpfen die Nase, das sind die Lehrer (zumindest die, die überhaupt wissen, was Social Media ist). Die anderen aber, die Schüler, sehen das anders. Die meisten, so scheint es mir, haben überhaupt keine Hemmungen, keine Scheu, keine Skrupel. Die Zurschaustellung des eigenen Gesichts, der Freunde, ja eigentlich des ganzen Lebens ist für sie Unterhaltung und Service, nicht immer nur schlichte Eitelkeit. In meiner Kindheit und Jugend hatte ich kaum Vorbilder, mal von Figuren wie Michel aus Lönneberga, Pepe Nietnagel, Robbie Williams oder Mehmet Scholl abgesehen. Das lag unter anderem daran, dass kaum jemand greifbar war. Lehrer hätten theoretisch so eine Rolle einnehmen können, aber von denen hat es niemand zum Vorbild gebracht. Da war nicht mal jemand, der mich begeistert oder beeindruckt hat. Im Gegensatz dazu finden junge Menschen heute an allen Ecken und Enden des Netzes vermeintlich reale Vorbilder, von denen sie vermeintlich alles mitbekommen und an deren Leben sie teilnehmen. Kein Wunder, dass sie ständig erzählen, dieser oder jener habe sie inspiriert. Diese Internet-Menschen, meist YouTuber oder Instagramer oder beides, sind für sie noch viel reizvoller, weil es echte Menschen sind und keine Typen, die sich Suppenschüsseln überstülpen, in den Sechzigern leben, in Boygroups singen oder einfach unrealistisch gute Dinge auf dem Fußballplatz machen.

Nach der Stunde kommt Karla jedenfalls zu mir und fragt, ob wir nicht mal Buchhaltung und Steuern im Unterricht durchnehmen könnten.

Heute führe ich ein ernstes Gespräch mit den Eltern eines Schülers aus meiner Klasse. Er ist ein lieber Kerl, aber seine Leistungen sind in den meisten Fächern unterirdisch, seit Jahren rate ich zum Schulwechsel, aber weil er das nie wollte und die meisten Kollegen es gut mit ihm meinen, ist er bisher mit lauter Vieren und einigen Vier-Minussen irgendwie durchgekommen. So kann es, in seinem Interesse, nicht weitergehen. Spätestens in der Oberstufe wird das ein böses Ende nehmen.

Als ich den Eltern, die mir immer sehr sympathisch waren, heute mal wieder erkläre, warum eine andere Schulform für ihn besser wäre, an Sekundarschulen (so heißt das hier in Berlin) kann man mittlerweile auch Abitur machen, drucksen sie rum und sagen, eine andere Schulform komme für ihr Kind beim besten Willen nicht in Frage. Ich könne mir ja denken, warum. Nee, kann ich nicht, und deshalb hake ich nach. Ja, und da sagen sie Dinge, die man eigentlich nur als puren (um nicht zu sagen: reinrassigen) Rassismus bezeichnen kann. Ich bin ganz überrascht und widerspreche automatisch, woraufhin sie mich fast mitleidig angucken und kurz stichwortartig die Grundschulzeit ihres Sohnes zusammenfassen. Außerdem fragen sie mich, ob ich schon mal im Wedding gelebt habe. Sogar die Paketzusteller weigerten sich immer mal wieder, Pakete in ihren Kiez zu liefern. Äh, was? Hier gehen grade zu viele Themen durcheinander, und irgendwie ist mir das alles unangenehm.

Ich sage dann die Dinge, die man so sagt, wenn man sich an Erziehung, Vernunft, Lebenserfahrung und die gängigen Argumente aus Anti-Rassismus-Workshops hält. Ich merke aber, dass das bei meinen Gegenübern nicht so wirklich greift. Könnte daran liegen, dass sie mir den Eindruck vermitteln, ich könne nicht wirklich mitreden. Die Familie stammt aus dem Irak.

Mit ihrem Sohn Amir habe ich nie über seine Herkunft gesprochen. Etwa ein Viertel der Schüler meiner Klasse hat Migrationshintergrund, das ist so selbstverständlich und deshalb für die Schüler so weit weg, dass die meisten das Thema eher uninteressant finden. Außer Lasse, der ist Däne, und Dänemark ist in jeder Lebenslage sein Lieblingsthema. Die anderen aber verstehen sich in erster Linie als Berliner, außer wenn es um Fußball geht, klar. Bei einigen kommt noch so eine Art Kiezpatriotismus dazu. Als Lehrer kümmert man sich natürlich um jeden Kopf gleichermaßen. Um den französischen oder friedrichshainer, den kreuzberger oder koreanischen, den dänischen oder dahlemer oder eben irakischen. Sogar ein spandauer Kopf kommt nicht zu kurz, Hauptsache, es ist ein Kessler-Kopf, darauf kommt es an.

Ja, und jetzt sitze ich hier also mit Amirs Eltern und tue mich schwer. Es klingt bei ihnen, als wäre es doch nicht so einfach mit den Köpfen. Leicht machen sie es mir nicht, denn sie erzählen unentwegt von Amirs Cousins und Cousinen, die Sekundarschulen im Wedding besuchen, und ich kann nur hoffen, dass diese Geschichten schwer übertrieben sind. Bin jedenfalls mal wieder sehr froh, am Kessler zu sein. Weil mich ihre Unsachlichkeit so stört, behaupte ich wie so ein Anfänger-Argumentierer, es fielen mir viele tolle Gegenbeispiele und Sekundarschulerfolgsgeschichten ein. Ganz schön armselig, ja, weil: stimmt leider nur so halb. Natürlich weiß ich, dass ihre Erfahrungen real sind und dass mit Augenverschließen der Schlamassel traditionsgemäß ja immer größer wird. Mit Verallgemeinern aber auch. So wie dieses seltsame Gespräch verläuft, warte ich fast darauf, dass jetzt irgendwas zum September 2015, der vermeintlichen Grenzöffnung und der sogenannten Flüchtlingskrise, kommt, das darf ja nie fehlen, wenn auf echte oder scheinbare Missstände verwiesen wird. Stattdessen muss ich mir jetzt unterstellen lassen, ein Gutmensch zu sein. Das sagen sie gar nicht vorwurfsvoll, und sie signalisieren Verständnis für meine Position, ich müsse ja so reden, wie ich rede, der Staat sei schließlich mein Arbeitgeber. Zugleich gucken sie schon ein bisschen so, als hielten sie mich in erster Linie für einen liebenswerten Trottel. Ich muss jedenfalls aufpassen, nicht loszuprusten, so was wird einem doch sonst höchstens von zwielichtiger Seite vorgeworfen. Aber jetzt hier von Amirs Eltern? Irgendwie absurd.

Sekretärinnen sind das Herz einer jeden Schule, ohne sie geht gar nichts. Unsere heißt Frau Korittke und ist ein freundlicher Mensch. Auf ihrem irrwitzig großen Schreibtisch steht immer ein Teller mit Keksen, und ich finde es sehr anständig von ihr, dass sie zuverlässig meine Fehler ausbügelt. Sie guckt noch mal über sämtliche Formulare, die ich so abgebe, und mein Gott, wie oft hat sie mich schon freundlich auf falsch ausgefüllte Felder hingewiesen. Außerdem macht sie mich auf Termine aufmerksam, an die sich nicht mal mein Kalender erinnert. Ich will nicht übertreiben, aber sie ist wirklich der Garant für das Funktionieren der Riesenmaschine Schule und die Instanz, die den Laden im Innersten zusammenhält. Und zwar nicht nur mit Büroklammern und überhaupt jedem erdenklichen Schreibwarenbedarf, mit dem sie regelmäßig aushilft, sondern auch mit guten Worten und Informationen. Frau Korittke weiß alles. Kein Wunder, könnte man denken, sie sitzt ja an der Quelle, alles Relevante geht über ihren Schreibtisch. Aber das ist gar nicht ihr Trick. Viel wertvoller sind ihre immer gespitzten Ohren, die sie einfach überall zu haben scheint, sie ist die Spinne im Netz der Informationen, manchmal ist das schon unheimlich. Es sind nämlich nicht nur Infos zu sämtlichen Schulangelegenheiten, die sie, ohne irgendwo nachschauen zu müssen, aus dem Handgelenk schüttelt, beeindruckender ist, dass sie immer alle Geburtstage und Jubiläen im Kopf hat und die verschiedenen Beziehungsstände in Kollegium UND Schülerschaft kennt. Und sie macht auch keinen Hehl daraus, dass sie gerne googelt und einen dann mit Dingen konfrontiert, die man selbst gerne vergessen hätte. Das ist schon ein bisschen grenzwertig. Von beiden, Korittke und Google.

Jetzt stehe ich hier bei ihr und bitte um einen Stempel, und weil ich höre, wie im Nachbarzimmer, dem Büro der stellvertretenden Schulleitung, hinter der nur angelehnten Tür gezankt wird, tue ich so, als müsste ich noch an eine Schülerakte und studiere diese gründlich. Ja, kann schon sein, dass ich ein bisschen zu neugierig bin, aber drüben keift Frau Pfaif-Böhring, ich muss da jetzt einfach zuhören. Leider kann ich nur die Hälfte verstehen, doch offenbar lässt sich ihr Autofenster nicht mehr richtig öffnen, und dafür scheint sie ein Feuerzeug verantwortlich zu machen. Und zwar lautstark. Nebenan wird jetzt also ein Feuerzeugbesitzer zusammengefaltet. Plötzlich wird mir einiges klar, ich hefte die Akte wieder ab und nicke Frau Korittke zum Abschied zu. Da sagt sie ganz unvermittelt: »Na, an Ihrer Stelle hätte ich auch gelauscht!«

Als ich später mein Rad am Fahrradständer aufschließe, steht Carl aus meiner Klasse da rum und raucht. Wir kamen beide zur gleichen Zeit ans *Kessler*, er frisch aus der Grundschule, ich frisch aus dem Referendariat. Ich war also dabei, als er durch die Pubertät stolperte. Ich habe mich auf der ersten Klassenfahrt um sein nicht enden wollendes Nasenbluten gekümmert, ihn nicht verpetzt, als er auf derselben Klassenfahrt einen Blumenkübel umstieß (aus Versehen!), so dass dieser in die Brüche ging, und ich habe ihm x-mal in den Hintern getreten, wenn es nötig war. War oft nötig. So was verbindet und schafft Vertrauen. Ich darf sagen, wir kennen uns gut.

Ich habe ihn aber noch nie rauchen sehen, eigentlich noch nie irgendjemanden aus meiner Klasse. Klar, sind auch nicht mehr die Neunziger. Umso überraschter bin ich jetzt. Und weil ich gerade in Quatschlaune bin, tue ich so, als fände ich das prima. Er zahle über die Tabaksteuer schließlich auch mein Gehalt. Dankeschön! Offensichtlich ist er nicht in Quatschlaune. Er guckt mich so traurig an, dass ich mir fast Sorgen mache und frage, ob alles in Ordnung ist. Er schüttelt den Kopf, guckt auf den Boden, zieht an seiner Zigarette und fragt, ob mich schon mal eine WhatsApp-Nachricht so richtig umgehauen habe. Wenn er überraschend ne Sechs auf dem Zeugnis bekäme oder Hertha absteigen würde oder so, das wäre alles nicht halb so schlimm wie die Nachricht, die er eben bekommen habe. Und dann erzählt er mir seine schöne, traurige Geschichte. Die Geschichte von Carl und Karla.

Karla hatte ihn vor ein paar Wochen gefragt, ob er beim Umzug ihrer Familie helfen könne. Sie war raus aus der Stadt gezogen, und er hat mit einigen Mitschülern ein ganzes Wochenende angepackt, es gab Pizza für alle und gemeinsames Zelten im Garten. Grillen, Bier, fette Boxen, Sterne, die Nacht durchmachen und alles. Er habe zum ersten Mal begriffen, was eine laue Sommernacht sei, war übernice. Ja, und dann hat Karla irgendwann ihre Hand auf seine gelegt, keine Ahnung warum, war ja warm, haha, aber war trotzdem schön. Unfassbar schön. In der Schule war danach alles wie immer, aber sie haben sich am nächsten Wochenende zu zweit getroffen, sind ins Kino und zwar in Toni Erdmann, von dem ich meiner Klasse im Unterricht mal vorgeschwärmt hatte. War voll langweilig, aber egal, Karla war ja dabei. Am nächsten Wochenende waren sie zusammen am Kudamm und dann oben auf der Terrasse des Bikini-Hauses. Da haben sie verbotenerweise ein Brötchen zu den Affen unten im Zoo geworfen. Daraufhin kam sofort jemand angerannt, der das nicht so gut fand, und sie sind schnell weggelaufen, und danach haben sie viel gelacht und sich umarmt und auf dem Weg nach Hause Händchen gehalten.

Während Carl das erzählt, glüht er förmlich, es ist ihm ernst, und ich muss sagen, dass das alles irre gut klingt. Er zieht ab und zu an der Zigarette und macht dabei lange Pausen. Es sieht ein bisschen so aus, als befände er sich erst am Anfang der James-Deanisierung, und dahin wollen ja die meisten Anfänger-Raucher.

In der Schule ist Karla aber weiter distanziert geblieben. Eigentlich hatten sie da nur Blickkontakt, und wiederum ein Wochenende später war sie bei Verwandten in Hamburg, und danach hat sie nur noch knapp auf Nachrichten geantwortet. Und nun hat er allen Mut zusammengenommen und gefragt, ob sie noch mal Affen füttern will. Eben hat er ihre Nachricht gelesen. Er nestelt an seinem Smartphone und hält es mir dann unter die Augen. Da steht: »Nein, lieber nicht.«

Das klingt in der Tat nicht gut, und ich will ihn gar nicht aufmuntern und so tun, als verstünde er das nur falsch. Einfach noch mal probieren oder so, nein, das sieht tatsächlich düster aus. Und wie immer, wenn sich ein Schüler so öffnet, muss man aufpassen, dass hier nicht die Rollen durcheinandergeraten. Wir sind keine Kumpels. Kann es sein, fragt er dann, dass sie einfach das Interesse verloren hat, so wie andere einen Stock oder Hut? Wie in diesem Gedicht, das wir im Unterricht hatten. Goethe oder so was. Und ist es eigentlich normal, fragt er mich, dass er seinen Eltern nichts von Liebeskummer erzählt? »Oh ja«, sage ich, »total normal!«, und dann schmunzeln wir beide.

THE DONALD

Kollegin Hülsmann unterrichtet Kunst, und alles, was sie malt, bastelt oder auch trägt, kennzeichnet sich durch Asymmetrie. Der von ihr geleitete Fachbereich Kunst gliedert sich, was die Lehrerschaft angeht, in zwei Fraktionen: Auf der einen Seite stehen die gescheiten und auf der anderen die gescheiterten (Künstler-)Existenzen. Die Gruppen Ich-weiß-alles und Is-mir-doch-eh-alles-egal-hier verstehen sich nicht so gut, und weil sie auf Harmonie keinen übertriebenen Wert legen, streiten sie häufig. Deshalb genießt der Fachbereich den Ruf, unfreiwillig, aber regelmäßig zur allgemeinen Unterhaltung beizutragen. Heute Morgen schnappe ich hinter den Türen der Kunstsammlung Sätze auf, die das ganz gut widerspiegeln. Kollege Pruderling gegen Kollegin Hülsmann, die ihre Streitkultur wie gut geübte Streithähne zelebrieren. Sie: »Bewirfst du mich jetzt schon mit Sachen??« Er: »Haalloo?! Mir ist der Papierstapel vom Regal gerutscht, das war keine Absicht und is doch nur Papier!« Sie: »Nicht mal richtig getroffen hast du!«

Ach, wenn ich es mir recht überlege: Wahrscheinlich haben sie sich insgeheim ganz gern.

Sophia und Marlene diskutieren über sinnvolle Taschengeld-beträge. Hundert Euro im Monat sollten schon drin sein, findet Marlene, so viel bekomme sie selbst. Das fände sie voll okay, auch wenn am Ende des Monats nie was übrig bleibe, obwohl sie ja noch ihre Goldgrube hätte: Babysitten bei den Nachbarn. Flohmärkte, Eis und Fechten seien das Problem, darauf könne sie nun mal unmöglich verzichten. Sophia hingegen bekommt nicht mal die Hälfte, hat auch keine Nachbarskinder, am Monatsende aber trotzdem noch was im Portemonnaie. Das sei kein Wunder, ihre Sparsamkeit habe sie aus dem Elternhaus. Sie hoffe aber, dass das niemals so zwanghafte Züge wie bei ihrem Vater annehmen werde. Der habe einen Knall, wenn es um Geld gehe. Nicht nur die Familienkasse, auch ihre Ausgaben habe er immer im Blick. Und auch die des Kessler. Er vermute dubioses Finanzgebaren im Förderverein oder so, dem wolle er mal nachgehen. Wenn sie Geld ausgebe, dann eigentlich nur für Konzerte, etwa vier Mal im Jahr. Beim letzten habe sie Referendarin Ansolner in der Columbia-Halle getroffen. Die gehe zwar immer zu Techno tanzen, aber auf Konzerte eben auch und habe super Tipps für sie gehabt. Jetzt höre sie die ganze Zeit Cat Stevens und Von Wegen Lisbeth. Tocotronic und Gisbert zu Knyphausen habe sie ja vorher schon verehrt. Marlene kennt die alle nicht, ist aber neugierig, Sophia schwärmt ihr vor, und die beiden googeln Lieder und lesen sich Texte vor.

Marlene hat jetzt was gefunden, was sie ein bisschen seltsam findet: »Ein alter Mann kotzt auf die Wiese, und die Dächer singen Lieder vom Verfall«. Was soll das denn, da sind ja sofort Bilder im Kopf, sagt sie, ganz schön ekelige Bilder. Sophia findet das hingegen sehr poetisch, sie analysiert und interpretiert, als säße sie im Deutschunterricht. Dann erzählt Sophia, dass Referendarin Ansolner ihr von der Zeit vor Spotify berichtet hat. Ob Marlene sich vorstellen könne, dass man mal viel Geld für Musik ausgeben musste? Also einfach nur, damit man sie hören konnte? So richtig für einzelne Alben? Sei gar nicht anders gegangen! Nicht zu fassen sei das, befinden beide und überlegen, wie das mit eingeschränktem Taschengeld-Budget funktioniert haben könnte. Verrückte Sache jedenfalls, das muss ja ewig her sein. Dabei sieht Ansolner doch noch so jung aus. »Soll das etwa heißen«, wendet Marlene erschrocken ein, »dass die echt Geld ausgeben mussten, um zu hören, dass ein alter Mann auf die Wiese kotzt?«

Unser Lehrerzimmer ist, zumindest in meiner Wahrnehmung, einer der unordentlichsten Orte Berlins – und das will in dieser Stadt wirklich was heißen. Als ich während des Studiums meine Praktika an Schulen absolvierte, ahnte ich schon, was auf mich zukommen würde. Die meisten Lehrerzimmer waren wuselige, irgendwie schmuddelige und ein bisschen unappetitliche Räume. Immer wurde zu wenig gelüftet, immer roch es irgendwo nach nassem Hund, benutzten Taschentüchern und altem Pausenbrot. Kann man heimelig finden, muss man aber nicht. Im Hinblick auf Ästhetik und Funktionalität hat man hier gnadenlos und konsequent alles falsch gemacht. Am Kessler war das einzig Schöne bisher der Boden, altes Eichen-Fischgrät-Parkett, aber vor ein paar Wochen wurde dunkelbeiger Teppich darübergelegt. Ich habe keine Ahnung warum. Wenn jetzt noch die mit Raufasertapeten beklebten Wände, die an sich schon schlimm genug sind, braun gestrichen werden, ziehen die Siebzigerjahre wieder bei uns ein. Aber ich hoffe in dieser Angelegenheit auf den verzögernden Faktor Dombrowski, der streicht ja nicht so gern.

Die achselzuckende Gleichgültigkeit, die bei vielen Kollegen herrscht, wenn es um Ästhetik geht, finde ich sehr bedauerlich. Es muss hier ja nicht so aussehen wie in einem Startup (wobei ich eine Tischtennisplatte schon ganz schön gut fände), und für betont jugendlich hippe Coworking-Space-Atmosphäre bin ich vielleicht sowieso zu alt. Und der Minimalismus des Bauhauses wird hier leider sowieso niemals einziehen. Aber muss es diese Kombination aus schweren und muffigen Gardinen, Tischdecken und Pressspanmöbeln aus den Achtzigern sein? Und kann mir mal jemand erklären, wie man klar denken, riechen oder sehen (geschweige denn arbeiten!) soll, wenn man sich in diesem vollgeramschten Raum aufhält? Ich kann das nicht. Überall liegen, stehen und stapeln sich Sachen. Sachen, Sachen, Sachen, so weit das Auge reicht. Wenn es Bücher wären, könnte ich noch damit leben, aber es sind die unendlichen Massen an Kram. Bunt bedruckte Tassen mit den ausgelutschtesten Sprüchen (»Weltbester Lehrer«, »Für Burn-out fehlt mir einfach die Zeit!«), Broschüren, Flyer, Briefe, Klausurenstapel, unironisch gehäkelte Spitzen-Tischdecken, Formulare, konfiszierte Bälle, spielzeugähnliche

Gebilde, Stifte in allen Formen und Farben, Kleidungsstücke (Herkunft in den meisten Fällen unbekannt), Regenschirme, Kartons, und so weiter und so fort. Und wie man in dieses Chaos auch noch Deko-»Stehrumchen«, wie es Kollegin Frevert so treffend nennt, stellen kann, ist mir gänzlich schleierhaft. Kann schon sein, dass ich Staubfängern gegenüber generell nicht besonders aufgeschlossen bin, aber hier in diesem überquellenden Raum? Soll wahrscheinlich gemütlich sein.

Vielleicht kann man sagen, Lehrerzimmer sind der verlängerte Arm der Lehrer-Wohnzimmer, sozusagen ein Wohnzimmer-worst-of. Deutschland in einer Nussschale.

Aber ich muss jetzt aufhören, mich aufzuregen, denn in diese Nussschale tritt gerade ein Elefant, es könnte also wackelig werden. Kollege »The Donald« Crust macht immer, was er will. Für die Schüler ist das nicht so schlecht. Ein verrückter Vogel als Lehrer, der ständig unkonventionellen Unterricht macht, ist ein zuverlässiger Lieferant für gute Geschichten. Regelmäßig lässt er zum Beispiel alle Schüler während einer gesamten Unterrichtsstunde stehen. Und zwar auf den Tischen. Legendär ist auch ein Vorfall, der schon ein paar Jahre zurückliegt. Er hat eine Klasse dazu aufgefordert, alte Schulhefte mit in die Schule zu bringen. Dann hat er ein Feuer auf dem Schulhof gemacht, und jeder sollte sein Heft reinwerfen. Dazu hielt er dann eine flammende Rede über die Notwendigkeit des Brechens mit Obrigkeiten und so weiter und hat selbst Papiere ins Feuer geworfen. Weil es ein regnerischer Tag war, wollte das Feuer allerdings nicht so recht brennen, weshalb er ständig Spiritus nachgoss. Das hat so gestunken, dass die Klasse von der Aktion nur mäßig angetan war und das Kollegium sowieso und grundsätzlich entsetzt.

Wenn nur die Hälfte von dem, was man sich über ihn erzählt, stimmt, bin ich Crust-Fan. Allein weil solche Dinge aufrütteln, und das ist etwas, was Schule eher selten tut. Meine Sympathie für Crust bezieht sich allerdings nur auf seinen aufrüttelnden Unterricht. Wer macht, was er will, verhält sich schnell unkollegial. Außerdem ist Feingefühl nicht so sein Ding, dafür kennt er sich mit Fettnäpfchen aus. Erst vor ein paar Wochen stand in der FAG, Crust habe eine Achtklässlerin gefragt, ob sie gerade ihre Tage habe. Für diesen Gedanken habe es angeblich einen nachvollziehbaren Grund gegeben, unklar blieb jedoch, ob er aus Dummheit oder Unverschämtheit dann die Frage wirklich gestellt habe.

So. Und jetzt setzt er sich neben mich und, hätte ich mir denken können, zieht seine Schuhe aus. Früher vermutete ich dahinter eine Art Entwaffnungstaktik, um mich zu verblüffen und auf diese Weise zu überrumpeln, aber so ist das nicht, er macht das einfach immer so. Egal ob Unterricht, Gesamtkonferenz, Elternabend oder Weihnachtsfeier. In geschlossenen Räumen steht er mit dem Konzept Schuhe auf Kriegsfuß. Selbst wenn er beim Bäcker neben der Schule seinen Kaffee trinkt, das habe ich heute Morgen im Vorbeigehen genau gesehen, zieht er sie aus.

Natürlich könnte man auch einwenden, dass es nicht weniger merkwürdig ist, dass ich ihm offenbar ständig auf die Füße gucke, aber ich finde seine Angewohnheit nun mal sehr befremdlich. Und selbst wenn man nichts riecht, rieche ich immer was, das ist so eine Art Phantomgeruchsphänomen. Jedenfalls erzählt er Schülern immer, nur ohne Schuhe sei es gemütlich, und Gemütlichkeit sei nun mal die höchste Form von Lebensqualität. Andere machen andere Sachen, um sich gut zu fühlen, kaufen sich ein Auto, nehmen Drogen oder fahren in einen Freizeitpark, und er zieht sich einfach nur die Schuhe aus. Beneidenswert. Und wo verlaufen eigentlich die Grenzen zwischen unangepasst, anti-spießig und authentisch?

Jetzt sitzt er also neben mir und fragt, ob ich als Klassenlehrer der 10b was zu Carl und Karla sagen könne. Kann ich, mache ich aber natürlich nicht und frage, was er meine. Na ja, sagt er, die beiden seien ja eine Weile immer zusammen auf dem Schulhof zu sehen gewesen, und weil das jetzt nicht mehr so ist, habe er mal im Internet geguckt und sei bei Instagram fündig geworden. Die halbe Klasse sei da ja aktiv und einige erstaunlich zeigefreudig. Er habe als Student immer *Gute Zeiten, schlechte Zeiten* geguckt, daran erinnere ihn das irgendwie. Vieles sei ihm aber nicht klar, ihm fehlten alle möglichen Puzzleteile zum Verständnis der Klassendynamik und speziell zur Situation von Carl und Karla.

Ja, und jetzt habe er gehofft, ich könne ihm die liefern. Ich muss kurz schlucken. Schüler bei Instagram beobachten? Das Leben von Zehntklässlern als Unterhaltungsprogramm für Kollege Crust? Das finde ich gruselig, und als ich ihm das sage, meint er: »Wieso denn, weiß doch keiner!«

ALLES SCHWEIGET

Eva aus meiner Klasse ist vermutlich hochbegabt und ein Fan von Regenwald und Gendersternchen. Immerzu macht sie sich Gedanken darüber, was falsch und richtig, was geboten und was verwerflich ist. Damit hat sie es in der Klasse, die eher von altersbedingtem Hedonismus dominiert wird, nicht leicht. Dass ihre Themen bei den Lehrern Anklang finden und diese ihre Einwürfe immer mal wieder dankbar aufgreifen, trägt nicht zu ihrer Beliebtheit bei. Zum Glück steht sie da drüber.

Heute zitiert sie Max Frisch: »Krise ist ein produktiver Zustand. Man muss ihr nur den Beigeschmack der Katastrophe nehmen.« Es geht um die SPD, über die sich zu amüsieren ja ziemlich billig ist, Eva ist aber einigermaßen behutsam, und die SPD bekommt das ja auch nicht mit. Falls Eva versucht, mich mit ihrer ewigen Zitiererei zu beeindrucken oder zu blenden, dann muss ich gestehen, dass ihr Plan aufgeht. Belesene Schüler wirken wirklich schlau, da kann man nix machen.

Wenn Eva nicht gerade zitiert, dann redet sie über Piercings. Sobald sie die letzten Euros beisammen hat, wird losgepierct. Zusammmen mit der halben Klasse wird in der großen Pause diskutiert: Welches Piercing? Wie groß? An welcher Stelle? Überlege kurz, ob ich die Warum-überhaupt-Frage stellen soll, reiße mich aber zusammen.

Evas einziges Problem besteht darin, dass ihre Eltern noch die langersehnte Erlaubnis erteilen müssen, und falls die nicht bald kommt (zum Geburtstag in einem Monat, vermutet sie), dann bekäme sie »echt ne Krise«. Ich würde sie gerne daran erinnern, dass das ja dann immerhin ein produktiver Zustand wäre, sie müsse ihr nur …, aber im Gegensatz zu mir fände sie das jetzt wahrscheinlich gar nicht witzig.

Eva, das muss man wissen, ist eine interessante Schülerin, nicht nur weil sie schlau ist, sondern vor allem weil sie in ihrem steten Streben nach Gerechtigkeit manchmal übertreibt und ungerecht wird. Das klingt wie ein Widerspruch, Eva würde es Konsequenz nennen. Vor etwa einem Jahr haben wir einen Workshop zum Thema Diskriminierung besucht. Bevor meine Schüler sich in Gruppen mit Randgruppen beschäftigen sollten (Jannis hatte gefragt, ob man eigentlich »Randgruppen« sagen dürfe), die oft von Diskriminierung betroffen sind, bekamen wir eine Einführung, in deren Verlauf auch auf eine Erklärungstafel Bezug genommen wurde, die das Leben und Wirken von Martin Luther King vorstellte. Unter anderem wurde dort wörtlich aus seiner »I have a dream« – Rede zitiert, in der das Wort »Neger« vorkommt. Ja. Fand Eva nicht gut, genau genommen wurde sie sehr ärgerlich und fragte, ob das hier deren Ernst sei, das müsse sofort entfernt werden, das N-Wort habe hier nichts verloren. Der verdutzte Workshopleiter musste sich kurz sammeln und verwies dann auf den historischen Kontext und die Sprache der Zeit, gleichzeitig entschuldigte er sich pausenlos. Klar, vor Evas Zorn kann man schon mal in die Knie gehen, das finde ich verständlich.

Weil ich seit meinem Studium nicht mehr so direkt damit konfrontiert worden war, dass dieses Thema solche Reaktionen bei Menschen, die nicht betroffen sind, auslösen kann, habe ich Eva am nächsten Tag noch mal darauf angesprochen. Ich fände es ja grundsätzlich sehr begrüßenswert, wie engagiert sie sei, ich wünschte, die anderen legten ebenso viel Interesse an den Tag. Warum eigentlich sind so viele Schüler so desinteressiert, wenn es um die wichtigen Themen geht? Aber, fragte ich vorsichtig, ich könne den Workshopleiter schon auch gut verstehen, wenn er Martin Luther King, diesen Kämpfer gegen Rassismus, der doch über jeden Zweifel erhaben sei, nicht zensieren wolle. Tatsächlich kann man den Gebrauch des Wortes im Kontext doch gut erklären, einer Zensur stände ich da ehrlich gesagt auch skeptisch gegenüber. Ich war wirklich an ihrer Meinung interessiert. Sie aber nicht an meiner, meinen Einwand ließ sie nicht gelten, im Gegenteil. Ich als weißer Mann, so attestierte sie mir wütend, dürfe da überhaupt nicht mitreden. Ich will ihrem Standpunkt gar nicht die Existenzberechtigung absprechen, aber irgendwie hat mich die Heftigkeit ihres Ausbruchs überrascht. Es schien mir, als sei sie vor allem persönlich von mir enttäuscht, als sei ich doch nicht der Verbündete, den sie in mir gewähnt hatte. Erst Wochen später schien sie mich als Lehrer wieder halbwegs zu akzeptieren.

Klassenclown Carl sitzt betrunken im Unterricht. Er lallt nicht, er riecht nicht, aber wer sich mit Carl und mit Alkohol ein bisschen auskennt, sieht, was hier los ist. Noch vor kurzem habe ich ihn im Lehrerzimmer als den Jan Ullrich der Klasse bezeichnet: Im Grunde ein lieber Kerl und super Typ, aber irgendwann mal falsch abgebogen. Oder verfahren, wer weiß das schon so genau. Na ja, eigentlich weiß ich es schon genau, und ich denke oft an seine Liebeskummergeschichte, kein Wunder, Karla sitzt schräg vor ihm. Und Carl sieht wirklich immer unglücklich aus. Ich werde ihn jetzt bestimmt nicht pusten lassen oder mit erhobenem Zeigefinger eine lehrer-mäßige Alkohol-ist-auch-keine-Lösung-Geschichte erzählen, das wäre ganz sicher kontraproduktiv.

Als ich ihn letzte Woche fragte, wie es ihm gehe, hat er nur gesagt, ihm tue einfach alles sehr weh, und dann ist er gegangen. Kann ihm auch kaum raten, ein paar Wochen nach Norwegen in den Wald zu gehen. Eigentlich fände ich Reden sowieso am besten. Vielleicht findet sich ja jemand, der in der gleichen Situation steckt, ein bisschen erfahrener ist und Ratschläge geben kann, die über Alkohol hinausreichen.

Moment mal, aktuelle Beziehungsprobleme und erfahren? Da fällt mir natürlich Kollege Schurmeister ein. Der hat da ja auch gerade eine Baustelle. Aber nein, ich werde die beiden nicht zusammenbringen. Zum Wohle Carls.

Hausmeister Dombrowski ist zwar die personifizierte Unzuverlässigkeit, wenn er aber mal was anfasst, wird es gut, der kann so ziemlich alles, was auch nur entfernt mit Handwerk zu tun hat. Es würde mich nicht wundern, wenn er goldschmieden könnte. Auch wenn er mit riesigen Pranken ausgestattet ist. Und immer, wenn er in der Vergangenheit gefragt wurde, ob ihm für dieses oder jenes eine Lösung einfalle, hieß es: »Klar, hab schließlich Praktikum bei MacGyver gemacht!« Nicht alle Kollegen kennen MacGyver, entweder weil sie zu alt oder zu jung sind, ist aber egal, denn seit einer Weile sagt er immer: »Klar, hab schließlich Praktikum bei Fynn Kliemann gemacht!« Das über YouTube bekannt gewordene Allround-Talent kennt zwar kaum jemand im Lehrerzimmer, aber Herr Dombrowski ist treuer Fan und die meisten Schüler sowieso. Wer Dombrowski mal in Aktion erlebt hat, glaubt das mit dem Praktikum sofort. Wenn es drauf ankommt und er sich was in den Kopf setzt, wird er zum Improvisationsgenie. Auf dem letzten Sommerfest hatte er aus einem Stahlseil und einem ausrangierten Bürostuhl eine Art Seilbahn auf dem Schulhof gebaut, nicht lang und nur in etwa einem Meter Höhe, aber irre spektakulär. Frau Pfaif-Böhring war außer sich, und mehrmals hörte ich sie aufgeregt mit Begriffen wie »TÜV« und »Versicherung« hantieren. Aber die Grundschulkinder und deren Eltern, die an diesem Tag auf unsere Schule aufmerksam gemacht werden sollten, fanden das großartig.

Dombrowskis Lieblingsprojekt ist die Aula, die er großflächig und gleichzeitig unauffällig mit LED-Lichtern ausgekleidet und so programmiert hat, dass man sich in einem 3D-Kino wähnen kann. Regelmäßig kommen Menschen, die nichts mit der Schule zu tun haben, um sich das alles zeigen zu lassen. Es gibt mehrere solcher beeindruckender Dombrowskischer Projekte, aber leider interessieren ihn die Dinge, die er machen soll, nicht besonders. Er hat ganz eindeutig ein Problem damit, Prioritäten zu setzen. Sein Hausmeisterkabuff erinnert ein bisschen an den Bauwagen von Peter Lustig, dem deutschen MacGyver. Dort bastelt er den ganzen Tag rum, wenn er nicht gerade eine seiner etwa vier vormittäglichen Kaffeepausen macht. Neben dem ganzen Hausmeisterwerkzeugkram platzt der Raum vor lauter Plunder, dessen Zuordnung mir unmöglich ist. Diverse Licht- und Geräuschschranken reagieren auf alle möglichen Bewegungen. Wenn man Richtung Werkbank geht, erklingen Werkzeuggeräusche, nähert man sich dem Putzschrank, sind entsprechende Laute zu hören und so weiter.

Dombrowski ist etwa Mitte vierzig, sehr groß und schlaksig, trägt immer einen Hausmeisterblaumann und hat eine Vorliebe für unanständige Wortspiele. Als sei Letzteres in seinem Job nicht schon unangenehm genug, er hat schließlich immerzu mit Kindern zu tun, hängt in seinem Kabuff außerdem ein Kalender mit Frauen, die sich auf Autos räkeln. Die Fotos sind so konzipiert, dass die Autos nicht im Vordergrund stehen. Zum Glück hängt der Kalender in einer Ecke, in der ich noch nie Schüler gesehen habe.

Es hat lange gedauert, bis ich mich an ihn gewöhnt hatte. Wenn er nicht gerade bastelt, dann meckert er, und wenn er nicht meckert, dann pöbelt er. Echte Berliner Schnauze, so sagt man im Lehrerzimmer, als ob es das besser machen würde. Immerhin habe ich inzwischen gelernt, wie man mit ihm reden kann: Wenn sein Ehrgeiz geweckt ist, hilft er schnell. Man muss einfach so tun, als wäre jedes Anliegen eine spannende Herausforderung. Bisschen wie mit Schülern also.

Man sollte niemals einfach nur sagen, die Lampe sei kaputt, dann passiert nämlich zwei Wochen lang gar nichts, besser ist es, sich eine Geschichte auszudenken, zum Beispiel, man vermute, ein Marder habe sich in der Zwischendecke eingenistet, man habe Geräusche gehört, und der habe wahrscheinlich Kabel beschädigt. Dann wird Dombrowski wach.

Raum 24 ist der Klassenraum meiner Klasse, da bin ich verantwortlich. Deshalb machen mich seit ein paar Tagen immer mal wieder Kollegen darauf aufmerksam, dass der Schlüssel schlecht ins Schloss geht, das sei so furchtbar schwergängig. Da haben sie recht. Aber weil es mit ein bisschen Ruckeln klappt, habe ich mich bisher nicht gekümmert. Als ich heute Hausmeister Dombrowski bitte, sich das mal anzusehen, behaupte ich, jemand habe vermutlich daran rumgefummelt, oder vielleicht gar versucht einzubrechen, damit er sich das wirklich anschaut. Da sagt er nur: »Nee nee, is Quatsch, muss ich nur mal WD40 reinsprühen, dann flutscht das wieder. Ach was, machste einfach selber rein.«

Lieblingskollege Eilers sieht aus wie ein Klischee-Surfer. Das gilt eigentlich für alle Sportlehrer bei uns. Mit ihrer kumpeligen und lärmenden Fröhlichkeit sorgen sie bei mir zuverlässig für gute Laune. Eilers ist nach Selbstauskunft eher so nebenbei Lehrer und im echten Leben Volleyballer. Er sagt gerne Dinge, die für manche Menschen lustig und für andere eher unpassend klingen. Stichwort Batman. Ich bin da unentschlossen. Neulich, bei der Auffrischung des Erste-Hilfe-Kurses, saß er neben mir, und bei der Herz-Druck-Massage erklärte er für alle hörbar, dass er sich das Prozedere immer so gut merken könne, weil er beim Thema Wiederbelebung eine perfekte Eselsbrücke habe: Man müsse sich nur an den Takt von *Highway to Hell* halten. Ja. Das zum Beispiel fand ich nicht so lustig. Überhaupt spielen Leben und Tod in seinem Humorkosmos eine große Rolle. Schon mindestens zweimal habe ich mitbekommen, wie er in Plaudersituationen erzählte, er wisse schon, was seine letzten Worte als Sportlehrer sein werden: »Alle Speere zu mir. HAHAHA!«

Davon abgesehen, beeindruckt mich seine beneidenswerte Präsenz. Er redet mit Schülern immer leise, deshalb erschrecken sie auch umso mehr, wenn er mal laut wird. Und wenn er laut wird, dann erreicht er andere Lautstärken, als Schüler das gewohnt sind. Seine Stimme ist schwer, dröhnend und gleichzeitig absolut kontrolliert. Es ist ein bisschen so, als wären seine Stimmbänder Muskeln, die in etwa so ausgeprägt sind wie sein Leistungssportlerbizeps. Habe den Eindruck, er muss nur mal kurz den ein oder anderen Muskel anspannen, und schon ist Ruhe.

Heute begleite ich ihn und seine Klasse zu einem Workshop. Wir gehen einen langen Gang entlang, an dessen Ende der

Seminarraum liegt und in dem der Workshop-Leiter auf uns wartet. Als wir den Seminarraum betreten, der augenscheinlich (nasenscheinlich kann man nicht sagen, oder?) lange nicht gelüftet wurde, sagt Eilers, noch bevor er dem Seminarleiter die Hand zur Begrüßung reicht: »Also den Geruch haben wir aber nicht dazugebucht!«

Ich sitze mit zwei Referendarinnen im Lehrerzimmer und verplaudere meine Freistunde. Wir überlegen, ob wir je mit so vielen älteren Menschen zusammen gearbeitet haben wie hier an unserer Schule. Haben wir nicht. Etwa fünfzehn bis zwanzig Kollegen sind über sechzig, vermuten wir. So genau wissen wir das nicht, unsere Schätzungen gehen in Einzelfällen weit auseinander. (»*Häää, du schätzt den auf Ende vierzig?? Der sieht aus wie über sechzig!!*«) Als wir dann Beobachtungen teilen, die man im täglichen Umgang mit den baldigen Senioren macht, entdecken wir dabei viele Parallelen und regelrechte Muster.

Als hätte er an der Tür gelauscht, kommt Kollege Oberheide ins Lehrerzimmer, niemand im Kollegium arbeitet schon so lange am Kessler wie er. Oberheide sieht aus wie Friedrich Merz, nur deutlich kleiner, deutlich älter und deutlich sympathischer, aber ebenso hager, verknautscht und dauerstirnrunzelnd.

Weil er nur Musik unterrichtet und praktisch nie im Lehrerzimmer auftaucht, kennen wir ihn nicht gut, aber sein Ruf als kauziger Einzelgänger eilt ihm voraus. Die Schüler mögen ihn und amüsieren sich über seine Spleens. Angeblich gibt er praktisch jede Stunde Tipps, wie man Geld sparen könne (mit dem Speckrand vom Schinken kann man Schuhe einfetten!). Und immerzu erzählt er, wie viel besser das Schulsystem gewesen sei, als er selbst noch die Schulbank drücken musste.

Jetzt guckt er gedankenverloren in unsere Richtung, kommt dann langsam zu uns rüber und wiegt den Kopf hin und her. Es scheint, als überlege er, ob er uns etwas anvertrauen kann. Offenbar sehen wir vertrauenerweckend genug aus, jedenfalls erzählt er nun, dass er eben im Musikunterricht in der 10b einen Kanon gesungen habe. Das habe in meiner Klasse zu Tränen in den Augen und Schwermut in den Herzen geführt. Hä? Wir Nachwuchslehrkräfte am Tisch gucken erst uns und dann den Kollegen Oberheide verständnislos an. Deshalb erklärt er, im Kanon »Alles schweiget« sei das ein Teil des Textes, und beim Singen sei eben dies in der Klasse passiert: Tränen in den Augen und Schwermut in den Jugendherzen. So magisch schön sei das Lied, er liebe sein Fach wirklich. Nur über Musik könne man die Teenager emotional erreichen. Oberheide wirkt noch ganz ergriffen. Offenbar gucken wir, als verstünden wir nicht recht. Und um Abhilfe zu schaffen, beginnt Kollege Oberheide plötzlich, wirklich wahr, das Lied zu singen. Wieder gucken wir uns am Tisch irritiert an, wie skurril ist das denn. Wenig später lauschen wir andächtig. Es ist wirklich schön.

$$a^2 + b^2 = c^2$$

UHRENSOHN

Klassische Lehrersprüche sind eine ermüdende Sache. Vor ein paar Wochen habe ich unabsichtlich mal gesagt, die Stunde werde nicht vom Klingeln, sondern vom Lehrer beendet. Da habe ich mich einigermaßen erschreckt. Solche Sprüche haben ja schon genervt, als ich selbst noch zur Schule ging, so was wollte ich nie sagen. Aber manchmal schleicht sich so was ein, in welchem Beruf ist das nicht so? Vom Bundestrainer über den Postboten bis hin zur Bundeskanzlerin: Berufsspezifische Floskeln haben sie alle.

Nachdem mir neulich wieder so was rausgerutscht war, nahm ich mir vor, es beim nächsten Floskel-Fauxpas mit Dekonstruktion zu versuchen.

Heute also, Freitag kurz vor Schluss, sitze ich vor meiner Klasse, deren Lärmpegel zu hoch ist. Und dann rutscht mir, um Ruhe bittend und fast larmoyant, raus, für mich sei auch Freitag achte Stunde! Oh je. Jetzt reagieren. Nach ein paar Sekunden erkläre ich, gut, zur Wahrheit gehöre allerdings auch, dass ich die ersten vier Stunden frei hatte. So. Während ich beruhigt bin, weil ich die Floskel entschärft habe, und das sogar ein bisschen lustig finde, merke ich, dass ich unterschätzt habe, wie das bei den Schülern ankommt. Es wird lauter statt leiser, die finden es nicht nachvollziehbar, ja sogar richtig ungerecht, dass nicht auch die Lehrer immer um acht anfangen müssen. Das kann ich schon verstehen. Ich könnte jetzt einfach die Wahrheit sagen, nämlich dass ich heute von der ersten bis jetzt durchunterrichtet und eben nur etwas anderes behauptet habe, weil ich ein Problem mit Lehrerfloskeln habe, aber ich bezweifle, dass mich das in den Augen der Schüler weniger schräg aussehen ließe.

BUMMSEN FETZT steht da. Wieder mit roter Farbe gesprüht und wieder an dieser weißen Wand im Foyer. Noch mehr Wut im Lehrerzimmer. Jetzt wird es also auch noch unanständig. Ich für meinen Teil finde den Spruch nicht so schlecht, weil doch so wunderbar lebensbejahend, und verstehe nicht ganz, wie einen so etwas in diesem Job schockieren kann. Pubertierende Teenager sagen solche und noch viel derbere Sachen, das weiß doch jeder.

Ich bin in Schmunzelstimmung, aber im Lehrerzimmer scheint das Graffiti, das den Geschlechtsakt in positives Licht zu rücken sucht, irgendwie eher schlechte Stimmung auszulösen. Am Fenstertisch höre ich sogar, wie Kollege Schurmeister sagt, allmählich müsse man konstatieren, dass man unter diesen Umständen nicht mehr normal unterrichten könne. Ich stehe mit Eilers und Referendarin Hanna rum, und wir versuchen, uns nicht anmerken zu lassen, dass wir am liebsten feixen würden. Das ist aber kein Problem, im Strenggucken sind wir berufsbedingt geübt, das gelingt uns tadellos. Wir wundern uns aber auch über diese hysterische Einordnung des Kollegen. Was sollen das denn für ominöse Umstände sein, wir haben keine Probleme im Unterrichtsalltag. Auch andere Kollegen tun so, als hätte sich die Bronx in ihrem Wohnzimmer breitgemacht. Dabei ist das doch nicht die Bronx, sondern bloß die Pubertät, die da gerade ein bisschen freidreht, findet Hanna.

Aber mich beschäftigt noch etwas anderes: Schüler sagen weder *bumsen* noch *fetzen*, das klingt eher nach Achtziger. Vielleicht hat ein Schüler das einfach irgendwo aufgeschnappt und fand es lustig? Jedenfalls scheinen wir es mittlerweile mit einer Serie zu tun zu haben, da hat jemand Gefallen am Sprayen gefunden, jemand, der provozieren will. Provozieren fetzt.

Vor ein paar Tagen erzählte mir Leni aus der 6c kichernd von Frau Hülsmann. Die höre so schlecht und verstehe dann immer alles falsch. Vorhin erst habe sie, Leni, von dem faulen Apfel gesprochen, den ihre Mutter ihr eingepackt hatte. Frau Hülsmann aber hat verstanden, Leni sei selber faul und hat daraufhin gemahnt: »Achtung, Müßiggang ist aller Laster Anfang!« Was soll das denn heißen, fragt Leni, ist ja klar: Wenn man zu jung oder zu alt ist, um ECHT und *Alles wird sich ändern* zu kennen, versteht man das nicht, da hat eine heutige Sechstklässlerin keine Chance. Leni ist jedenfalls ratlos und echauffiert sich. Typisch Hülsmann!

All das hatte ich schnell vergessen, jetzt fällt es mir aber wieder ein. Ich sitze im Lehrerzimmer, und hinter mir am

Nachbartisch sitzt Frau Hülsmann mit Musiklehrer Oberheide und scheint ihr Hörproblem ins Visier genommen zu haben. Es fallen Begriffe wie *Bluetooth, volldigital* und *Frequenzen*, außerdem scheinen die ganze Zeit Höhen und Tiefen eine Rolle zu spielen, deshalb halte ich das Ganze für eine Art Beratungsgespräch. Herr Oberheide trägt nämlich, wie alle hier wissen, ein Hörgerät. Frau Hülsmann habe ich bisher über fast alles, nicht aber über ihre mangelhafte Hörfähigkeit klagen hören, aber vielleicht redet sie in diesem Fall einfach nicht darüber, sondern unternimmt einfach was, auch mal ganz angenehm. Allerdings wundere ich mich schon ein bisschen, dass sie nun nach Firma, Gerätenummer, Preis und weiteren Details fragt und dann erklärt, sie überlege, morgen in ihrer Freistunde sofort das gleiche Modell zu kaufen, das scheine ja wirklich gut zu sein.

Also ich will mich ja nicht einmischen und habe keine Ahnung von Hörgeräten, aber sollte man so etwas nicht vorher mit einem Fachmann besprechen? Es kann doch unmöglich reichen, dass man sich von einem Kollegen etwas erzählen lässt und dann in ein Geschäft spaziert und gleich zuschlägt? Es kommt aber noch besser, denn Oberheide bietet Hülsmann an, sie könne doch seine einfach mal ausprobieren. Einfach mal Probehören. Auch wenn ich Herrn Oberheide wirklich viel zutraue, finde ich das jetzt wirklich übertrieben und irgendwie auch ein bisschen ekelig. Das sieht Frau Hülsmann offensichtlich anders und willigt ein, und während sie nun offenbar seine benutzt, empfiehlt er, auf Tiefen und Höhen und dieses und jenes zu achten. Ich frage mich, was da bloß hinter meinem Rücken vor sich geht und drehe mich deshalb um. Beobachten ist vielleicht besser, als nur zu belauschen. Und dann realisiere ich: Von Hörgeräten keine Spur, Hülsmann trägt Oberheides Kopfhörer. So viel zum Thema falsch Aufschnappen.

Eine der tollsten Erfindungen des 21. Jahrhunderts sind fraglos die Stifte, die wie Fineliner schreiben, sich aber radieren lassen. Damit korrigiere ich auch. Ja ja, soll man nicht machen, kann schon sein, aber die Vorteile überwiegen eben. Genau genommen: überwogen. Werde die für Korrekturen nicht mehr benutzen. Beim Korrigieren der letzten Klassenarbeit ist mir nämlich etwas ziemlich Dummes passiert. Sophia hatte ihre Arbeit mit einem solchen Stift geschrieben. Das merkte ich leider erst, als ich meine Bemerkungen, die ich zwischen ihre Zeilen gequetscht hatte, verändern wollte und deshalb großflächig radierte. Offenbar war ich in Gedanken, jedenfalls reagierte ich nicht schnell genug, und so verschwanden unter meiner Radiererei ganze Zeilen, die Sophia geschrieben hatte. Hoppla.

Kurz bin ich ein paar Ausreden durchgegangen, in diesem Job herrscht diesbezüglich ja kein Mangel an Inspiration. Habe ihr dann aber gestern bei der Rückgabe der Klassenarbeit die echte Geschichte erzählt. Und auch erklärt, dieses Malheur sei nach dem zweiten Lesen passiert, was zum Glück stimmt, und bei der Note, einer Zwei, sei ich mir absolut sicher. Stimmt ebenfalls. Okay, hat Sophia nur gesagt, und mir schien es, als wäre das noch mal gut gegangen.

Heute Morgen klopft sie dann am Lehrerzimmer und bittet um ein Vieraugengespräch. Sie habe blöderweise ihren Eltern von der Klassenarbeitradierungssache berichtet, und die seien nun der Meinung, sie solle mindestens ein bis zwei Punkte mehr bei mir einfordern. Und andernfalls zur Schulleitung gehen. Sie habe die besseren Karten und solle sie ausspielen. Oha. Auch wenn ich Herrn Thoma eine Menge zutraue, kann ich gar nicht glauben, was Sophia da erzählt, und plötzlich bin ich voller Adrenalin. Aber bevor ich was erwidern kann, sagt Sophia, dass sie die Idee ihrer Erziehungsberechtigten letztlich für eine Art Erpressung halte, das komme also nicht in Frage. Im Übrigen höre sie sowieso praktisch nie auf ihre Eltern, warum also jetzt damit anfangen. Sie erzähle mir das nur, damit ich für den unwahrscheinlichen Fall Bescheid wisse, dass ihre Eltern in dieser Sache mal vorstellig würden. Dann verabschiedet sie sich und geht.

Fast laufe ich ihr hinterher, was sind das denn bitte für Idioten-Eltern, Erpressung – hallo!? Ich bin in Kampfeslaune. Aber ach, kann ich auch einfach auf sich beruhen lassen. Sophia macht das schon.

Als ich am Morgen das Gebäude betrete, vibriert die Luft, aus Schülergrüppchen sind schrille Lachsalven zu vernehmen. Ein neues Graffiti? Ein Blick zur Wand widerlegt das, diesmal nicht. Trotzdem riecht es irgendwie nach Aufregung und baldigem Ärger. Weiß nur noch nicht, für wen. Das wird mir aber augenblicklich klar, als ich Raum 24 betrete und sehe, wie einige Schüler in der neuen Ausgabe der FAG blättern. Auf der Titelseite prangt eine Fotomontage. Zu sehen ist der Kopf meiner Kollegin Frevert. Ihr Hinken und ihre hier übertrieben dargestellte Frisur, die ihr den Spitznamen »Pony« eingebracht hat, sind jetzt aber eher nicht das Problem. Frau Frevert, das braucht es zum Verständnis, sieht aus, als wäre sie im siebten Monat schwanger. So formulierte es zumindest Jannis mal (selbst eher nicht schlank). Und zwar mit Zwillingen. Auf dem Titel ist nun also ihr Kopf auf den Körper einer Frau mit vergleichbarem Umfang platziert worden, die sich an einem Strand rekelt. Im Bikini. Es ist wie mit dem sprichwörtlichen Autounfall. Das Entsetzen bei den Vorbeifahrenden ist groß, die Neugierde, das Sich-Weiden an dem Spektakulären aber eben auch. Man weiß, dass es falsch ist, findet es aber trotzdem sensationell und unterhaltsam und guckt und gafft. Man könnte dem Grafiker, der das Bild gebastelt hat, zugutehalten, dass es sich, rein handwerklich, um saubere Arbeit handelt. Es sieht wirklich vollkommen realistisch aus, so als läge die Kollegin wirklich am Strand. Aber Photoshopskills sind eben nur eins der Kriterien, die ein gelungenes Titelblatt auszeichnen. Ich frage mich schon, was da in der FAG-Redaktion los ist. Frech sein, Grenzen austesten und versuchen, sie zu verschieben, ist von mir aus das Privileg der Jugend, so läuft das eben. In der akademischen Welt ist das ja ähnlich, da gehören Grenzverschiebungen zum Prozess und sind Aufgabe der Intellektuellen. Aber Grenzen ausloten und verschieben oder sie mit Anlauf, Bosheit und Wucht übertreten, ist eben doch was anderes. Dass journalistische Standards und Taktgefühl traditionell eher nicht zu den Kernkompetenzen von Schülerzeitungsredakteuren gehören, ist klar, aber in diesem Fall, was soll man machen: Geht halt gar nicht.

Es sind jetzt ein paar Wochen vergangen, seitdem ich von Carl und Karla weiß. Ich habe ab und zu daran gedacht, vor allem wenn Carl verloren guckt, und so guckt er gerade eigentlich immer. Heute gehe ich durch die Flure und schnappe auf, wie Jannis Carl zuraunt: »Bruder, diese Frau ist Gift für dich!« Da hat er recht, scheint mir, Carl geht es nicht gut, das sieht wirklich jeder. Davon abgesehen: Wann hat das mit diesem *Bruder* eigentlich angefangen? Während man sich als Junge früher für *Alter* oder *Digga* entscheiden musste, ist in den letzten Jahren *Bruder* auf dem Vormarsch. Das klingt nach Innigkeit, und wäre ich Schulphilosoph, würde ich die oberflächliche Theorie aufstellen, dass die Jugend in Zeiten einer erkaltenden Gesellschaft, im Zuge von Globalisierung, sozialem Gefälle und diversen Krisen ein neues Bedürfnis nach Wärme hat. Da ist die Bezeichnung *Bruder* nur eine logische Konsequenz. Ist aber vermutlich grober Unfug, und deswegen lasse ich die Theorie gleich wieder fallen, bin ja kein Schulphilosoph.

Carl lasse ich Carl sein, und ich führe kein Wird-schon-wieder-Gespräch, solche Gespräche sind selten hilfreich, und wenn man sie als Lehrer führt, erst recht nicht. Ich bin nicht sein Freund, und mir sind auch diese demonstrativen Sympathiebekundungen von Lehrern zu Schülern suspekt, vor allem, wenn sie mit Körperlichkeit einhergehen. Zuhören ja,

Ratschläge fürs Privatleben geben schwierig, Körperlichkeit niemals.

Ich käme nicht auf die Idee, über Körperkontakt von Lehrern und Schülern zu schreiben, wenn es nicht ein konkretes Beispiel gäbe. Frau Hülsmann kuschelt ständig mit Mädchen aus den Klassen fünf bis acht und drückt sie immerzu an sich. Manchmal sind auch Jungs darunter, die kuschelt da alles weg. Immerhin ist sie dabei authentisch, das kann ich ihr nicht absprechen, im Lehrerzimmer macht sie das ganz ähnlich. Kein Wunder, dass sie sich immer sorgt, sich anzustecken. Ich würde es ihr nie sagen, aber ich finde diese ewige Drückerei unangebracht, denn nicht alle Schüler können ihre ständigen Umarmungen richtig einordnen. Ein Lehrer ist kein Familienmitglied, unter Umständen deuten sie die Zeichen falsch und wähnen in ihr eine Ersatzmutter oder so was. Schüler sind auf ziemlich vielen Ebenen beeinflussbar, das kann nicht gut gehen. In diesem Job trägt man Verantwortung, und gerade deshalb müssen sich Wärme und Zuwendung, die ja oft nötig und sowieso wichtig sind, in gewissen Grenzen halten.

Frau Hülsmann ist eine von zwei Kolleginnen, von denen ich seit etwa drei Jahren denke, dieses müsste nun echt ihr letztes Jahr am Kessler sein. Beide backen ständig anlasslos wirklich leckere Muffins für die Fünftklässler. Irgendwann habe ich verstanden, dass das ihre Taktik ist, um sich die Schüler gewogen zu halten. Aber, also, was ist das denn bitte für eine Taktik? Es gibt Momente, in denen ich das sympathisch und genial finde, und manchmal halte ich das für regelrecht mitleiderregend. Das ist ja so, als könnte man weder durch pädagogische Fähigkeiten noch Kompetenz, und, in Hülsmanns Fall, nicht mal durch Kuscheln, der Situation – der Kinder – Herr werden, ganz schön traurig. Andererseits finde ich es ganz gut, dass die übrig gebliebenen Muffins dann regelmäßig im Lehrerzimmer verteilt werden. So hat eben alles zwei Seiten im Lehrerleben.

Da fällt mir ein: Vielleicht stecke ich Carl auch einfach mal ein bisschen Gebäck zu.

In der 5c sind einige Schüler, die nur zum Quatschmachen in die Schule kommen. Deshalb hat die Klasse einen schlechten Ruf, einige Kollegen nennen sie die Terrorklasse. Heute höre ich in der großen Pause, wie zwei sich ziemlich heftig streiten. Mehmet kennt ganz schön viele Erwachsenen-Wörter, die er alle Arne an den Kopf wirft, mehrmals höre ich das Wort »Uhrensohn«.

Hä? Ich nehme ihn beiseite und frage, was eigentlich ein »Uhrensohn« sei. Er antwortet nicht, versucht mir aber zu erklären, warum Arne echt ein Opfer sei. Nachdem ich ein paar pädagogische Dinge dazu gesagt und ihm dann Hintergrund und verletzenden Charakter des Wortes, das er eigentlich benutzen wollte, erläutert habe, nickt der kleine Gangster und geht zu Arne. Anstatt sich aber zu entschuldigen, wie wir es gerade verabredet hatten, sagt er: »Uhrensohn kannste vergessen, du bist ein Hurensohn!!«

MEHMET SCHOLL

Kollegin Wachtel achtet gewissenhaft, ach, was sage ich, pedantisch auf ihr Äußeres. Von ihrem begehbaren Kleiderschrank hat sie schon oft geschwärmt, und die Kosmetika, die angeblich jede Frau stets bei sich tragen sollte, liegen ihr sehr am Herzen. Und wie jeder sehen kann, nutzt sie diese ausgiebig. Gerne präsentiert sie auch ihren Rücken, der scheint ihr besonders zu gefallen. Rückenfreie Kleidung kann man auch dann gut tragen, wenn man in den Fünfzigern ist. Ja, warum denn nicht, macht Simone Thomalla doch auch. Außerdem kommt sie oft mit neuen frechen lila oder rosa Strähnchen im Haar zur Schule. Und nun hat sie sich selbst übertroffen: Stolz präsentierte sie heute Morgen eine Tätowierung. Die soll einen Delfin darstellen, ich bin mir aber nicht ganz sicher, könnte auch ein zweibeiniger Hund sein, der sich streckt, oder eine krumme Palme auf Stelzen oder so. Ist auch egal, jedenfalls, so viel habe ich mitbekommen, etwas mit supertiefer Bedeutung.

Das alles fände ich natürlich voll in Ordnung. Ich muss ja nicht hingucken und bin sehr tolerant. Aber immer wenn sie über den Style von Schülern lästert, und das passiert ziemlich oft, kann ich irgendwie nicht weghören. Röhrenjeans, Sneakers, Caps und alle weiteren gängigen Kleidungsstücke und Accessoires der Hipsterkids sind ihr ein besonderer Gräuel. Schülerinnen hingegen, deren Stil man in erster Linie »bunt« nennen muss und deren Kleidung mit sehr großen Buchstaben und reichlich Glitzerkram verziert ist, werden regelmäßig lobend erwähnt. Nein, wie schick!

Heute wurde es dann ein bisschen kurios, ich musste mich zusammenreißen, nicht loszuprusten, denn kaum kam sie ins Lehrerzimmer, machte sie sich über Friedrich lustig. Der ist in der 9a und einer dieser Hipsterjungs und sehe ja wohl total »prollig« aus. Das finde ich einigermaßen wunderlich, denn in meiner Vorstellung findet man, wenn man in der Google Bildersuche das Wort »prollig« eingibt, ein Bild von ihr.

Die zwei Chefredakteure der FAG, Justus und Lara, hatten gestern einen Termin bei Frau Pfaif-Böring. Das letzte Titelblatt erregte die Gemüter, na klar, Sponsoren aus der Kategorie Handwerksmeister-um-die-Ecke sprangen ab und Frau Pfaif-Böhring im Karree. Sie forderte mal wieder »Konsequenzen!!«. Bin gespannt, ob was passiert, oder ob das doch wieder so läuft wie bei der SPD: Nach jeder neuerlichen Wahlniederlage rufen alle hysterisch nach einem Neuanfang, ganz so, als wäre es allein mit der Forderung danach getan. Außerdem führten einige Kollegen ernste Gespräche, und weil sie bei der FAG zwar jung, aber eigentlich keine Vollidioten sind, zeigten sie sich einsichtig und reumütig. Frau

Pfaif-Böhring hat gestern dann darauf bestanden, dass sich die Chefredakteure bei Frau Frevert entschuldigen müssen, und zwar öffentlich, so dass es jeder Kessler-Schüler mitbekommt. Allen müsse klar sein: So was ist indiskutabel. Mir kam das ein bisschen übertrieben vor. Außerdem hoffte ich, dass man vorher auch Frau Frevert gefragt hatte, ob sie überhaupt mit so einem öffentlichen Spektakel einverstanden ist. Wie alle anderen im Kollegium auch, rechnete ich nun damit, dass sich in der nächsten FAG ein kleiner entschuldigender Text finden würde. Jetzt komme ich gerade nach meiner Freistunde zurück ins Schulgebäude und sehe, dass an fast allen Zwischentüren auf den Fluren Zettel hängen, auf denen folgender Text zu lesen ist:

»Liebe Frau Frevert,

hiermit entschuldigen wir, die Chefredaktion der FAG, uns in aller Schulöffentlichkeit für das Titelblatt unserer letzten Ausgabe. Als Zeichen unserer aufrichtigen Reue versichern wir Ihnen hiermit, Sie ab sofort nie mehr »Pony« zu nennen.

Viele Grüße
Justus und Lara (FAG Chefredaktion)«

Ja, nun. Ich vermute, das ist wirklich nett gemeint. Aber, wie soll ich sagen, ich bin mir nicht ganz sicher, wie das ankommen wird.

Riesending heute Morgen vor der ersten Stunde: Eva aus meiner Klasse hat sich tatsächlich piercen lassen. Es ist ein ziemlich dicker Nasenring geworden, die Klasse hatte sie entsprechend beraten. Nun sieht sie aus wie ein Tanzbär. Manchen steht das, Eva eher nicht so, aber die Mitschüler bestürmen sie, gratulieren, geben sich beeindruckt, und alle wollen mal anfassen. Das kommt mir grotesk und verlogen vor, aber ist wahrscheinlich ernst gemeint, und wenn nicht, ist es doch irgendwie sympathisch mitfühlend. Stelle mir kurz mal vor, ob es in so einem Fall eine Option sein könnte, als Mitschüler zu sagen: »Also ehrlich gesagt, sieht leider schon echt hart scheiße aus!« Nee, ist keine Option, als Diplomatie getarnte Verlogenheit ist eben manchmal doch eine gute Sache.

Eva, durch den ganzen Zuspruch sichtlich aufgeputscht, lässt es sich nicht nehmen, evamäßig auf kulturgeschichtliche Referenzen zu verweisen, die ich in etwa so merkwürdig finde wie ihr neues Schmuckstück. Metall durch Nasenscheidewand habe demnach von jeher in zahlreichen Kulturen eine, na klar, echt tiefe Symbolik und stehe für …, ach, dieses und jenes eben. Voll deep jedenfalls. Klingt ein bisschen, als würde sie aus einem Horoskop vorlesen. Bin aber ziemlich beeindruckt von ihrer Begeisterung, es kommt mir vor, als wäre sie nicht durch den Ring, sondern vor allem durch das Reden und Sich-selbst-Vergewissern reifer und selbstbewusster geworden. Wenn ich es mir also recht überlege, dann fallen mir ganz schön viele Menschen ein, die so einen Ring gebrauchen könnten, Ästhetik hin oder her. Herr Schurmeister zum Beispiel.

Stolz erzählt Eva dann außerdem, dass Kollegin Hülsmann ganz begeistert reagiert habe, und die sei ja sowieso die Beste, sagt Eva. Andere sagen anderes, und ich sage gar nichts.

Egal, ich freue mich für Eva, die ist jetzt happy, und grundsätzlich eben eine tolle Schülerin, und wann, wenn nicht in der zehnten Klasse, sollte man so was machen. Wobei: Kollegin Hülsmann traue ich das durchaus zu, man kann sich ja sicher auch asymmetrisch piercen lassen, und sie scheint da ja auch ganz aufgeschlossen zu sein, nahende Pension hin oder her.

Lennart aus der 5c kommt seit ein paar Tagen mit einem Luftballon in die Schule. Der Ballon ist nur mit Luft, nicht mit Helium, gefüllt, und am Knoten hängt eine Schnur. Vor jeder Stunde hängt er den Ballon mit großer Ernsthaftigkeit an die Garderobe im Klassenraum. In den Pausen geht er damit über den Schulhof und bugsiert ihn immer und immer wieder gedankenverloren in die Luft. Er nennt es Jonglieren, aber weil es nur ein Ballon ist und nicht drei und außerdem eben ein Luftballon und kein Ball, bespötteln ihn seine Mitschüler. Das scheint ihm egal zu sein. Lennart wirkt in vielen Dingen noch wie ein Grundschüler, und er hat in seiner Klasse kaum Anschluss gefunden; es macht den Eindruck, als suchte er auch keinen.

Heute in der großen Pause nähert sich ihm auf dem Schulhof Mitschüler Ben und bringt den Ballon zum Platzen. Lennart beginnt zu weinen, dann schreit er, und dann geht er auf Ben los, der damit offenbar nicht gerechnet hat. Weil ich

Aufsicht habe, passiert das alles vor meinen Augen, geht aber so schnell, dass ich zu spät komme, um dazwischenzugehen. Ben wälzt sich auf dem Boden, windet sich theatralisch, das hat er sich von den Fußballern abgeschaut, und macht ein Riesentheater. Normalerweise bin ich dann immer ganz entspannt, meistens ist es nur der Schreck, aber weil ordentlich Blut zu sehen ist, gucke ich ihn mir genau an. Seine Unterlippe ist fast der ganzen Länge nach aufgeplatzt und stark geschwollen, und als ich frage, wie es ihm geht, antwortet er verzweifelt und blutspuckend, so dass man ihn kaum versteht, dass er doch heute Nachmittag Passfotos machen lassen müsse. PAFFOTOOFFS!!! Kollegin Mildner, die mit mir Aufsicht hat, bekommt einen mittelschweren Lachanfall, und Ben wird wütend und ruft: Daffifnichluffich!!« Wir trösten und verarzten ihn.

Diese Episode spricht sich im Lehrerzimmer schnell rum, und alle sind sich einig, dass es wirklich nicht in Ordnung ist, dass Lennart den Ben geschlagen hat, aber kaum jemand kann seine klammheimliche Genugtuung verbergen. Scheint sich für die meisten hier schon ein bisschen gerecht anzufühlen. Wie fies ist es denn bitte, Lennarts Luftballon zu zerstechen? Da darf er sich jetzt eben nicht wundern, und allem Anschein nach sorgt das Schicksal in Form seiner Passfotos ja dafür, dass sich Ben noch lange an seine Aktion erinnern wird.

Freistunde. Im Lehrerzimmer liegt ein Fußball, und seit ich einst Mehmet-Scholl-Fan wurde, zuckt es in solchen Momenten im Fuß, da kann man nix machen. Kollege Eilers und ich sind allein und spielen uns den Ball zu. Hochhalten klappt super, wir werden übermütig und zeigen uns gegenseitig Mehmets Tricks. Fühlt sich ein bisschen verboten an, und genau deshalb macht es auch großen Spaß. Bis ich die Tassen neben dem Vertretungsplan treffe (die mit den dämlichen Lehrer-Sprüchen drauf), die runterfallen und dabei zu Bruch gehen. Ups.

Während wir Scherben sammeln, kommt Dr. Wohlert rein, der offenbar ein gutes Gespür für den richtigen beziehungsweise falschen Moment hat. Er guckt uns eindringlich in die Augen und sieht dabei so aus, als quälten ihn starke Zahnschmerzen. Dann murmelt er etwas vor sich hin, was nach »Ich hab nix gesehen« klingt und geht wieder. »Noch mal Glück gehabt«, sage ich, woraufhin Eilers mich irritiert anguckt. Hä? Was ich denn bitte verstanden hätte, will er wissen. Offenbar kam das bei ihm ganz anders an: Wohlert habe demnach darauf aufmerksam gemacht, dass das Frau Nicks Tassen gewesen seien.

Frau Nick war die Vorgängerin von Frau Pfaif-Böhrig als stellvertretende Schulleiterin. Als ich ans Kessler kam, war sie gerade verabschiedet worden, aber es ist immer noch oft von ihr die Rede. Eilers, der länger am Kessler ist, erklärt mir nun, dass sie Tassen mit Sprüchen drauf gesammelt hat, ihr ganzes Büro sei voll gewesen. Als sie die Schule dann aus Altersgründen verließ, hat sie ihre Tassen feierlich dem Kollegium vermacht. Eilers sagt das ohne Grinsen, es scheint ernst zu sein. Gleichzeitig beruhigt er mich: Zum Glück sei es Wohlert gewesen, der uns gesehen hat, und niemand von der Armada der älteren Kollegen, die Frau Nick bis heute verehren. Diese Verehrung habe sich, das müsse ich wissen, irgendwie auf die Tassen übertragen. Wohlert werde sicher dichthalten, er könne kein Interesse daran haben, mich dem Zorn der Nick-Fans auszusetzen. Auweia. Habe ich wohl aus Versehen Schulreliquien zerstört.

VERBOTENE
FREUNDSCHAFT

Fast immer wenn Frau Hülsmann im Lehrerzimmer an ihrem Tisch sitzt, kann man hören, wie sie von ihren Gebrechen und Wehwehchen berichtet, und derer gibt es viele. Meistens sind es Sachen, von denen ich noch nie gehört habe. Ständig spielen Drüsen eine Rolle, ich weiß nicht genau, was das ist, und traue mich nicht zu googeln. Ist einfach kein Thema, über das ich gerne mehr erfahren würde. Im Gegenteil, ich fühle mich eher unwohl, wenn es um Verfall und Endlichkeit geht, und manchmal bilde ich mir sogar ein, das ein oder andere Symptom bei mir zu bemerken, und dann frage ich mich, ob ich zum Arzt muss und ab welchem Alter es eigentlich Zeit ist, sich Gedanken um ein Testament zu machen.

Und wenn ich in keiner guten Verfassung bin, stelle ich mir vor, meine Eltern könnten entweder auch mal so werden wie Frau Hülsmann, also ständig über den eigenen Gesundheitszustand sprechen, oder, weit schlimmer, sie könnten erkranken und diese Dinge bekommen, von denen ich da immer höre. Ich bin mir nicht sicher, ob ihr klar ist, dass alle hören können, was sie so erzählt. Manchmal frage ich mich aber auch, ob da sogar Stolz mitschwingt. Fast so, als kennzeichneten Anzahl und Schwere ihrer überstandenen Krankheiten den Grad ihrer Vitalität und als wäre dies konstitutiv für ihr Selbstbild. Auffällig ist jedenfalls, dass sie ganz nervös wird, wenn jemand anderes von seiner Gesundheit berichtet, und sei es auch nur, um aus Höflichkeit etwas zum Gespräch beizutragen. Frau Hülsmann signalisiert dann durch verärgertes Blitzen in den Augen, Körpersprache und lautstarkes Unterbrechen: Finger weg, Krankheiten und marode Körperpartien sind allein mein Thema.

Als ich heute wieder so eine Situation erlebe, es scheint um einen spektakulären Ausschlag am Rücken zu gehen, höre ich aus Versehen doch mal zu, ganz kurz zumindest. Die Schilderungen sind erschreckend präzise, es geht jetzt um die Wirkungsweise einer Salbe, und die Kollegin erklärt das alles, als stände sie gerade vor einer sechsten Klasse. Betretenes Schweigen an ihrem Tisch.

Kurze Zeit später stehe ich vor meiner Klasse, und in der kleinen Pause schnappe ich mehrfach die Begriffe *Rücken* und *Salbe* auf. Moment mal. Da gehe ich also diesen traurigen Geschichten aus dem Weg und werde dann über Bande trotzdem damit konfrontiert? Was soll denn das? Wirklich, damit traumatisiert sie doch Jugendliche. Und was ist das überhaupt für eine Methode, das eigene Leiden zur Schau zu stellen und damit zu instrumentalisieren, um sich so auf unangenehm aufdringliche Art in den Mittelpunkt zu stellen?

Nach dem Unterricht kommt Marlene zu mir, drückt mir eine Salbe in die Hand und bittet mich darum, diese Frau

Hülsmann zu geben, vielen Dank soll ich ausrichten, die habe sehr geholfen. Oh. Jetzt bin ich froh, dass ich nichts gesagt habe.

Carls demonstrativ nach außen getragene Mir-doch-alles-egal-Haltung finden alle anstrengend, sogar seine Mitschüler. Carl zieht alle runter, verweigert sich überall und läuft ständig mit Leidensmiene herum. Während sich sein Engagement zunächst lediglich von Unterrichtsbeteiligung auf Unterrichtsverweigerung verlagert hatte, gibt er sich damit mittlerweile nicht mehr zufrieden. Unterrichtssabotage ist jetzt das neue Ding. Unterhaltsam für die Mitschüler, nervig für mich. Aber vielleicht ist es ja ein Schritt nach vorn, depressiv macht mir mehr Sorgen als renitent.

Heute nun hängen an sämtlichen Toilettentüren in der Schule »Defekt«-Zettel. Das ist nicht besonders lustig, dramatisch ist es aber auch nicht. Finde ich zumindest. Man ahnt, wer das anders sieht. Jedenfalls ist meiner Klasse und mir gleich klar, wer dahinterstecken muss, das passt zu gut zu Carls Phase. Als ihn seine Mitschüler feixend in ein Das-warst-doch-du!-Verhör nehmen, bestätigt Carl seine Urheberschaft zwar nicht, aber sein grinsendes Schweigen, das Stolz, Genugtuung und Lausbübigkeit nur schlecht verbirgt, lässt keine Fragen offen.

Meine Klasse findet das jedenfalls super gut, Carl ist halt echt ein Ehrenmann. Einige Zettel werden fotografiert und kursieren wie Trophäen in WhatsApp-Gruppen und bei Instagram. Ich sage nichts zu all dem, freue mich aber insgeheim, dass er offenbar wieder unter den Lebenden zu sein scheint.

Referendarin Hanna Ansolner hat letzte Woche in ihrem Grundkurs Klausuren geschrieben, schnell korrigiert und wollte sie eigentlich heute zurückgeben. Ging aber nicht, Hanna hat die Klausuren verbummelt. Keine Ahnung, wie das sein könne, sagt sie. Die halbe Nacht habe sie jeden Stein in ihrer Wohnung umgedreht, erstaunlich, was da so aufgetaucht sei, die Klausuren leider nicht. Was soll man machen, chaotische WG, chaotisches Leben, chaotische Referendariats-Überforderung und alles.

Jetzt fragt sie mich um Rat. Unmöglich könne sie zur Schulleitung gehen und erzählen, was passiert ist. Sie hätte da doch sowieso einen so schweren Stand und traue sich nicht zu Pfaif-Böhring. Ich kann sie gut verstehen, wird sich aber leider kaum vermeiden lassen. Kurz überlegen wir gemeinsam, wie sie sonst aus dieser misslichen Lage kommen könnte, aber es sieht nicht gut aus. Die Klausuren in der Oberstufe sind letztlich schon für die Abitur-Note relevant, die kann man nicht einfach noch mal schreiben lassen. Und natürlich ist das alles unglaublich peinlich.

Ja, und dann fällt mir ein, dass Armin Laschet, CDU-Vorsitzender, mal als Dozent an der RWTH Aachen Klausuren seiner Studenten verloren hat. Wenn ich mich recht erinnere, hat er versucht, sein Missgeschick zu vertuschen, indem er einfach allen eine Eins gab – blöderweise auch Studierenden, die nicht mitgeschrieben hatten, deshalb flog die ganze Geschichte auf. Kann man nachgoogeln. Weil Hanna aber genau weiß, dass alle mitgeschrieben haben, und sie ja immerhin schon korrigiert, das heißt die Noten also in der Tasche beziehungsweise in ihrem Notenbuch hat, könnte man doch eine Art soften Laschet-Weg wagen? Also einfach nur die Noten verkünden, am besten bei allen noch ein oder zwei Punkte draufschlagen, um Beschwerden oder auch nur Nachfragen im Keim zu ersticken. Und dann im Kurs erzählen, dass sie sich erlaubt habe, die Klausuren in einem Seminar mit anderen Referendaren zu besprechen, weshalb sie noch nicht sagen könne, wann sie die zurückgeben kann. Und dann werden die das schon irgendwann vergessen, und bis dahin würde sie eben immer behaupten, sie habe die Klausur bedauerlicherweise selbst von den anderen Referendaren noch nicht zurückbekommen. Oder so ähnlich. Nicht wirklich plausibel oder glaubwürdig, aber woher sollen Schüler das wissen?

So eine Ausrede geht natürlich überhaupt nicht. Wir entscheiden uns trotzdem dafür. Fühlt sich aber zugegebenermaßen so an, als wäre die ganze Angelegenheit eine Zeitbombe, die früher oder später hochgehen wird. Abwarten.

Seit zwei Wochen sitzt ein neuer Schüler in meiner Klasse. Die ist seit der fünften in der gleichen Konstellation zusammen, weshalb nun alle umso neugieriger auf den Neuen sind. Aus anderen Klassen kenne ich es so, dass neue Schüler oft eher zurückhaltend sind. Die beobachten erst mal, schauen, wie der Klassenhase so läuft, und fügen sich dann unauffällig ein. Nicht so unser Neuer. Jonathan ist schlagfertig und charmant – kein Wunder, dass er die meisten gleich für sich gewinnen konnte. Es gab nur Spannungen, weil mehrere Schüler neben ihm sitzen wollten. Sitzordnungstheater gibt es nicht nur bei den Kleinen. Habe kurz überlegt, ob ich jetzt einen neuen Lieblingsschüler habe, aber so was darf man ja gar nicht haben. Oder?

Heute treffe ich seine Eltern, die mich um ein Gespräch gebeten haben. Das läuft einigermaßen kurios. Zunächst sprechen wir über ihren Sohn, seinen schulischen Werdegang und seinen Start an unserer Schule. Jonathan, so höre ich jetzt, habe es immer leicht gehabt, ein Glückskind, dem immer alles zugeflogen sei. Sein Einstieg am Kessler scheint vollkommen unproblematisch. Deshalb schweifen wir schnell ab und zwar ziemlich gründlich. Es stellt sich heraus, dass wir ähnliche Interessen haben. Und weil wir viel lachen und der Nachmittag, nein der Abend, irgendwann weit vorangeschritten ist, fühlt sich das irgendwie nach unprofessioneller Grenzüberschreitung an.

Auf dem Heimweg schleicht sich ein seltsam schönes Gefühl von neu gewonnener, aber verbotener Freundschaft ein.

Am nächsten Tag bekomme ich über einen Newsletter, für den ich mich nie angemeldet habe, eine Einladung zu einer Ausstellungseröffnung, über die ich mit Jonathans Eltern gesprochen hatte, und erschrecke. Wenn die mich jetzt schon einladen, muss ich mir mal Gedanken machen, wie ich aus dieser Nummer, dieser sich anbahnenden Freundschaft, wieder rauskomme. Muss ich jetzt mit den beiden Schluss machen? Man sollte doch auf jeden Fall professionell bleiben. Oder?? Und plötzlich frage ich mich, warum ich mich überhaupt so anstelle, fast so, als stände im Schulgesetz unter Paragraph XY: »Lehrkräften ist es untersagt, sich mit Eltern, deren Kinder sie unterrichten, anzufreunden.« Steht aber nirgends. Natürlich würde ich Jonathan auch eher überkritisch als überwohlwollend bewerten, ist doch klar. Und eine mögliche Freundschaft ausschlagen, nur weil es da so etwas wie eine unsichtbare und gleichzeitig deutlich spürbare Anständigkeitsschranke gibt? Eigentlich habe ich spätestens in der Pubertät gelernt: Immer wenn es heißt, dieses und jenes gehöre sich nicht, ohne dass es ein entsprechendes Gesetz gibt, steht der Umstand, um den es geht, zumindest zur Diskussion; mündiger Bürger und so.

Ja, und in diesem Fall sehe ich keinen überzeugenden Grund, warum ich mich nicht mit Eltern eines Schülers anfreunden sollte. Wir sind doch erwachsen, meine Güte, wir kriegen das schon hin.

Fast hätte ich Jonathans Eltern trotzdem eine ebenso ernsthafte wie bedauernde Mail geschrieben. Ganz feige habe ich einfach keine Lust auf Nachfragen, Rechtfertigungen und mit dem Rücken an der Wand zu stehen. Das wäre ja albernerweise vorprogrammiert.

Danke für die Einladung, hätte ich also fast geschrieben, aber das wäre doch vielleicht ein bisschen merkwürdig, wenn wir uns dort träfen. Bin schließlich der Lehrer Ihres Sohnes. Schade, aber vielleicht mal, wenn er sein Abitur hat. So in etwa.

Gut, dass ich das nicht gemacht habe. Wäre ein bisschen

peinlich geworden. Einige Stunden später erfuhr ich nämlich, dass es mein ehemaliger Mitbewohner war, der mir die Einladung hatte zukommen lassen.

Dombrowskis Hausmeisterkabuff ist praktisch andauernd geschlossen. Immerhin gibt ein Schild Auskunft über den Grund: »Kaffeepause – Wir sind hier bei der Arbeit und nicht auf der Flucht!« Ist aber egal, er hat bei uns Narrenfreiheit, und ich habe nie verstanden, weshalb das so ist. Bis mir neulich eine ältere Kollegin die Geschichte von seinem mythenumrankten Vorgänger Herrn Klostermann erzählte. Von dem habe man sich am Kessler noch immer nicht so recht erholt, obwohl er seit fast zehn Jahren nicht mehr hier arbeitet. Es würden noch allerlei Gerüchte und Geschichten kursieren, könne doch kaum sein, dass ich davon noch nichts gehört habe! Und dann legte sie los. Obwohl der alte Hausmeister Klostermann promovierter Philosoph war und über zwei linke Hände verfügte (ach deswegen hängen die Tafeln in den Räumen 25–27 so schief!), hatte er sich ein Zeugnis gefälscht, das ihn als gelernten Elektriker auswies. Auf diese Weise konnte er sich die Stelle an unserer Schule erschleichen. Sehr schnell sei klar gewesen, dass er komplett unfähig war, sehr nett, immerhin, aber doch wirklich eine Fehlbesetzung als Hausmeister. Selbst der Austausch von Glühbirnen überforderte ihn, und immer wieder mussten Schüler helfen. Von der Fälschung des Zeugnisses wusste man damals noch nichts, deshalb dauerte es lange, ihn wieder loszuwerden,

Kündigungsschutz und so. Wegen Inkompetenz kann man aus dem öffentlichen Dienst nicht entlassen werden, da ist das deutsche Recht ja knallhart beziehungsweise butterweich.

Irgendwann ist man ihm dann durch puren Zufall auf die Schliche gekommen. Als er verreist war, öffnete sein Vermieter die Wohnungstür, weil ein unerträglicher Geruch aus seiner Wohnung strömte. Dabei fand man nicht nur eine tote Katze, die die Ursache des Gestanks war, sondern auch unzählige Besen, Wischmopps, Verlängerungskabel und überhaupt jeden erdenklichen Hausmeisterkram – und zwar in vollkommen absurden Mengen. Die gesamte Wohnung stand voller Regale, war genau genommen ein einziges großes Warenlager. Der Vermieter alarmierte die Polizei, die erst die Wohnung und dann das Leben Klostermanns unter die Lupe nahm. Dabei stieß man auf jede Menge Unregelmäßigkeiten; die Fälschung des Nachweises über die Elektriker-Ausbildung war da im Vergleich eine Lappalie. Das Motiv für seinen Hortungswahn konnte allerdings nie geklärt werden.

Alles in allem also zweifelsohne ein tragischer Fall, aber doch so unheimlich, dass ich beschließe, ein bisschen gnädiger mit meinem dauernd pöbelnden Hausmeister Dombrowski zu sein.

GÜNTHER JAUCH

Ich habe mir vorgenommen, Frau Frevert auf das FAG-Titelbild anzusprechen. Ich will wissen, wie es ihr damit geht. Ist sie traurig oder wütend, enttäuscht oder verletzt? So in etwa ginge es mir jedenfalls: erst verletzt, dann wütend. Beides sehr. Aber wie stelle ich diese Frage? Man will ja nicht in der Wunde bohren. Und das Thema ist ja auch irgendwie privat, Fragerei kann dann schnell übergriffig sein, zumal wir nicht befreundet sind. Ich schätze sie aber sehr und kenne kaum einen beleseneren und klügeren Menschen. Alle zwei oder drei Monate diskutieren wir eine ganze Freistunde lang. Meistens geht es dabei um historische oder aktuelle Kontroversen. Anschließend schickt sie mir Links mit weiterführenden Literaturhinweisen, und dann denke ich: Sie hat es einfach besser gewusst. Durch ihren Input lerne ich immer weiter, auch wenn ich schon seit ein paar Jahren nicht mehr studiere. Das ist kein Wunder, denn Frau Frevert ist mit halber Stelle am Kessler und zur anderen Hälfte Dozentin an der Uni.

Heute nimmt mir Küppers die Frage ab, wie ich sie denn nun auf das Titelbild ansprechen könnte. Als ich mich nach Unterrichtsschluss auf dem Weg zum Fahrradständer mache, stehen da Küppers und Frevert und unterhalten sich. Weil sie mich einladend anlächeln und Küppers eine heranwinkende Handbewegung macht, stelle ich mich dazu. Ich komme gerade richtig, denn sie sprechen darüber, warum Jugendliche solche Titelbilder gestalten und wie es wohl zu dieser verkorksten Entschuldigung kommen konnte. Und wie es um Empathie und Reife steht, ob das mal anders oder gar besser war und was Provokation und Schadenfreude damit zu tun haben. Frevert wirkt ganz und gar aufgeräumt, souverän und kühl analysierend. Und so, als hätte der Vorfall nichts mit ihr zu tun.

Küppers fragt dann, wann sie die FAG-Ausgabe zum ersten Mal gesehen habe und ob ein Schüler die Stirn hatte, ihr die Zeitung direkt zu verkaufen. Kollege Schurmeister, erzählt sie, habe ihr eine SMS inklusive Foto des Titels geschickt, dazu verzweifelte Mitleidbekundungen. Das sei sicher nett gemeint, aber nicht nötig gewesen. Nur kurz habe sie sich erschreckt. Dann aber gleich an berühmte Bildmanipulationen aus der Geschichte denken müssen. Diese hatten ja meist den Zweck, bestimmte Personen aus dem kollektiven Gedächtnis auszulöschen. Das sei in ihrem Fall ja aber eindeutig anders, sagt sie verschmitzt. Ihr sei nämlich klar geworden, dass man sie am Kessler jetzt sicher nie mehr vergessen werde. Wahrscheinlich sei sie hier nun schon berühmt, auch Schüler, die sie nicht unterrichte, kennen sie jetzt, und in der Elternschaft wird das die Runde gemacht haben. Das sagt sie alles lächelnd, und ich kann keinen Gram erkennen.

Dann frage ich sie, ob sie das Gespräch mit der FAG-Redaktion suchen werde, und sie fragt, ob ich glaube, das würde etwas ändern. Das sei ja oft ein Fehlschluss. Man könne das bedauern, aber so sei sie eben, die Jugend, war sie immer, wird sie immer sein. Es sei im Prinzip wie mit diesen Graffitis. Hysterie bringe einen da nicht weiter.

Küppers hält das für eine gesunde Einstellung. Keine Rachegelüste, keine Missgunst, alles mit Gleichmut ertragen, auch die andere Wange hinhalten. Ein bisschen wie Jesus, sagt er und guckt, als erschrecke ihn die Analogie. Und auch Frau Frevert scheint das für leicht übertrieben zu halten und sagt: »Na, der Vergleich hinkt aber mehr als ich.«

Herr Schurmeister kommt ins Lehrerzimmer, klopft auf den Tisch und fragt, ob jemand einen guten Scheidungsanwalt kenne. »Ach, hat sie es nicht mehr ausgehalten?«, fragt Kollegin Wachtel. Die beiden mögen sich offenbar nicht so besonders. Sie ist nicht die Einzige, die so denkt, aber die wenigsten wären so taktlos, es auszusprechen. Schurmeister setzt sich demonstrativ beleidigt an seinen Platz, faltet sein Stofftaschentuch und legt es auf die Knie. Dann streicht er es glatt und beginnt umständlich, nach seiner Tupperdose zu fischen, die noch in seiner Tasche steckt. Weil das Taschentuch auf seinen Knien liegt, will er nicht aufstehen, er müsste das Tuch dann ja aufs Neue falten, und vielleicht hilft ja Strecken, denkt er und streckt und reckt sich. Klappt nicht. Er streckt sich so weit, dass sein Stuhl fast umkippt, aber die Tasche kommt nicht näher und er ihr auch nicht. Im Gewusel des Lehrerzimmers scheint niemand diese Szene zu bemerken, und ich hoffe, dass ich der einzige Zeuge bin. Es ist ein entwürdigendes Schauspiel, das Leben meint es gerade nicht so gut mit ihm.

Im Lehrerzimmer werde ich von Kollegin Hülsmann darüber informiert, dass sie heute in der ersten Stunde meine Klasse unterrichtet und zuvor, beim Betreten des Klassenraums, in Zahnpasta gefasst habe, die an der Unterseite der Klinke klebte. Reflexhaft habe sie sich die Hände an ihrer Hose abgewischt, ja, und so sieht die jetzt auch aus. Sie habe schon mit der Klasse gesprochen und bittet mich nun, das auch noch mal zu tun.

Als ich meine Klasse eine Stunde später darauf anspreche, werden gleich Augen gerollt. Die meisten finden es ungerecht, dass sie schon wieder von einem Lehrer verdächtigt werden. Das finde ich sehr verständlich, aber gleichzeitig spüre ich, dass die meisten hier Bescheid wissen, und ich habe gute Gründe anzunehmen, dass Carl nicht unschuldig ist. Weil niemand etwas sagt und ich stattdessen überall wissenden Blicken begegne, vermute ich, dass Carl nicht mehr als einsamer Wolf unterwegs ist. Mitwisser als Verbündete. So stellt sich das für mich zumindest dar.

Am Nachmittag schnappe ich auf dem Weg Richtung U-Bahn auf, wie ein paar Schüler aus der Hülsmannschen Klasse 6c kichernd spekulieren, ob sich heute Morgen ein Vogel im Flug erleichtert und dabei ihre Klassenlehrerin getroffen habe. Sie formulieren es ein bisschen anders. Weil ich wenig Verständnis für Schadenfreude habe, erkläre ich den

Schülern, was es mit der Hose auf sich hat. Das scheint sie zu interessieren, und jemand gibt zu bedenken, das sei echt ein bisschen gemein. Fast erleichtert ruft ein weiterer Knirps: »Na, aber ist doch viel besser als Kacke!«

Die FAG verkauft neue T-Shirts, diesmal mit dem Spruch: »HARRY ABER HERZLICH«. Finde ich ganz gut, trotzdem ein bisschen übertrieben, dass sie heute, am *Kessler-Day,* die prominente Schauspielerin auf der Bühne bitten, die T-Shirts anzupreisen. Die wirkt verständlicherweise einigermaßen irritiert. Als Werbefigur sei sie nicht eingeladen, sagt sie zu Recht, und bezahlt wird sie natürlich auch nicht. Aber weil sie nicht nur Schauspielerin, sondern auch sonst ziemlich in Ordnung ist, schlägt sie geistesgegenwärtig vor, sich das T-Shirt einfach anzuziehen und dann aber bitte nicht drüber sprechen zu müssen. Das finden alle super, und bei Instagram ist jetzt was los.

Ich sitze in der letzten Reihe der Aula, neben mir Eilers und Referendarin Hanna. Wir sind oft zusammen beim Kessler-Day, und heute freuen wir uns noch mehr, weil wir die Schauspielerin gut finden. Früher hat sie mal bei einem Musiksender moderiert, den ich oft und die Schüler nie gesehen haben, wir hatten ja damals kein YouTube. Jetzt erzählt sie sehr witzig von ihrem Beruf, gewährt in ihren Anekdoten Blicke hinter Kulissen und tratscht über Kollegen, es ist kaum zu glauben.

Wir sind die einzigen drei Lehrer, die anwesend sind, und reden darüber, wie viele der Schüler nun wohl auf die Idee kommen, Schauspieler werden zu wollen, und was für einen Rieseneinfluss solche Veranstaltungen auf Jugendliche haben können. Die sind so beeinflussbar, das ist fast unheimlich. Ruhm und Charisma eines Menschen in exponierter Stellung können schon ausreichen, um den entscheidenden Impuls für Lebenswege zu geben. Liegt also auf der Hand, dass Eilers, Hanna und ich die Schauspielerin in der kurzen Pause ansprechen und sie fragen, ob sie der Schülerschaft etwas Nützliches mitgeben könne, einen Rat, eine schülergerechte Lebensweisheit oder so. Und tatsächlich sagt sie dann eine halbe Stunde später, als sie wieder auf der Bühne sitzt, sie wolle noch was aus ihrer Schulzeit erzählen. Vielleicht könne ja der ein oder andere damit was anfangen und von ihren Erfahrungen profitieren. Ja, und dann erzählt sie, niemals Hausaufgaben gemacht zu haben, und erklärt außerdem, wie sie dann immer versucht habe, ihre Unkenntnis zu kaschieren. Davon berichtet sie ganz sachlich, ohne Stolz oder Scham, aber beeindruckend detailliert. Sie entfaltet da richtige Kategorien, die ich zwar kenne, aber deren Systematisierung mich jetzt doch überrascht. Sie muss darüber schon oft gesprochen oder zumindest nachgedacht haben. Oder sie hat Literatur dazu gewälzt, aber das ist doch eher unwahrscheinlich. Dann erzählt sie dezidiert von ihren Erfahrungen mit dem Spicken, die scheint einfach alles ausprobiert zu haben. Ist das jetzt etwa die Lebensweisheit für die Schülerschaft, um die wir sie eben gebeten haben?

Ich kann nicht behaupten, frei von eigenen Spick-Erfahrungen zu sein. Mein Respekt für stumpfes Auswendiglernen hielt sich als Schüler und Student in engen Grenzen. Das hat sich bis heute kaum verändert. Wer nur gut lernen kann, ist noch lange nicht gut, aber das sehen manche Kollegen anders. Bin also nur ein bisschen empört, als die Schauspielerin jetzt Ratschläge gibt. Mein Berufsethos verbietet mir nicht, ihren Einfallsreichtum anzuerkennen, und ja, vielleicht auch ein bisschen zu bewundern. Muss gerade an Filme denken, in denen eine Bank ausgeraubt wird und man dann zu den Tätern hält, mit ihnen bangt und fiebert.

Die Schüler sind ganz aufmerksam, und irre ich mich, oder schreiben da sogar welche mit? Das könnte ich eigentlich auch machen, man muss ja wissen, was die Gegenseite so treibt. Bei den Schülern mischen sich jetzt Konzentration und Begeisterung. Es wird gejohlt, und auch wenn wir hier in der letzten Reihe uns das anders vorgestellt haben, steckt die Stimmung an, und wenn es dazu beiträgt, dass der Kessler-Day noch beliebter wird, soll es mir recht sein.

Frau Hülsmann ist nicht nur Gesundheits- beziehungsweise Krankheitsexpertin und kunstvernarrter Asymmetrie-Fan, sondern zuvorderst begeisterte Anhängerin des Kessler. Davon profitiert die Schule ungemein, ein hohes Maß an Identifikation mit dem Arbeitgeber ist für jede Schulleitung Gold wert. Selten ist es der Staat, der aus guten Schulen sehr gute Schulen macht. Es sind praktisch immer die Lehrer, die sich weit über das Übliche hinaus engagieren. Okay, Schüler, Eltern und Geld sind grundsätzlich auch noch wichtig, aber jede Schule steht und fällt mit dem Engagement der Lehrerschaft. Ich weiß nicht genau, wie Dr. Wohlert es geschafft hat, aber am Kessler ist es obligatorisch, dass jeder Kollege eine AG anbietet, und wirklich viele Kollegen gehen richtig darin auf. Das ist ja überhaupt der beste Trick, einfach alle dazu zu bringen, ihre Hobbys in der Schule auszuleben. Das gilt für die Schüler und Eltern, den Hausmeister und nicht zuletzt natürlich für die Lehrer.

Kollegin Wachtel etwa wollte mal Regisseurin werden, und jetzt hat sie eben ihre Video-AG, in der sie mit ihren Schülern kleine und ganz schön professionelle Filme zu allen wichtigen und unwichtigen Schulereignissen dreht. Ein paar davon gingen schon viral.

Kollege Küppers hat mit seiner Handwerker-AG eine beeindruckende Vitrinenlandschaft für das Treppenhaus gebaut, wo nun neben Pokalen und Urkunden von Schulwettbewerben auch alle möglichen und unmöglichen Produkte aus Unterricht und AGs zu bewundern sind. Außerdem Fundsachen, alte Ausgaben der FAG und so weiter und so fort. Bevor sie in der Handwerker-AG am Montagnachmittag mit dem Handwerken loslegen, gucken sie immer gemeinsam Fynn-Kliemann-Videos. Für die Stimmung und zur Inspiration. Küppers kannte den nicht, wie die meisten Menschen über dreißig, aber die Schüler, die ihn alle kennen, weil den ja praktisch alle Menschen unter dreißig kennen, haben dieses Ritual eingeführt. Die meisten sind durch Fynn Kliemann überhaupt erst auf die Idee gekommen, dass Handwerken toll ist. Und neulich sagte Küppers mir, wenn er heute noch mal jung wäre, wäre

Kliemann zweifellos auch sein Vorbild. Was Schöneres als das, was der da so treibe, könne er sich nicht vorstellen.

Vor ein paar Tagen habe ich dann zufällig mitbekommen, wie sich Küppers und Dombrowski Kliemann-Videos anschauten. Dabei beobachteten sie konzentriert, lachten viel, schüttelten ab und zu den Kopf und sagten unentwegt Sätze wie: »Was für eine Type!« oder »Müssen wir auch mal machen!«

Es ist müßig, weitere Beispiele aufzuzählen, wie Lehrer sich am Kessler verwirklichen, vor allem bei den Sport- und Musiklehrern kann man sich das ja sowieso vorstellen. Aber erwähnenswert ist unbedingt noch einmal Frau Hülsmann. Ich glaube nicht, dass es gesund ist, was die alles veranstaltet, kein Wunder, dass Gesundheit ihr Dauerthema ist. Und ich frage mich immer, was ihre Hunde den ganzen Tag so machen. Frauchen ist ja eigentlich immer von sehr früh bis sehr spät in der Schule. Ich habe keine Beweise, aber ich könnte wetten, dass sie sich irgendwo in einer geheimen Ecke in ihrem Kunstbereich eine Matratze hingelegt hat. Die muss hier wohnen, jedenfalls ist sie mit dem Kessler zusammen, das ist völlig klar. Und so krank, wie sie immer behauptet, kann sie gar nicht sein, sonst würde sie nicht arbeiten wie eine Verrückte, Workaholic hin oder her. Ich kann hier unmöglich alle Projekte und Initiativen aufzählen, die sie in den letzten Jahren angestoßen hat, und der Großteil davon wirkt zugegebenermaßen eher belanglos und ist nicht unbedingt erzählenswert. Es ist ein bisschen wie mit dem Warten und Ölen von Maschinen: Für das Öl interessiert sich nie jemand, für den, der sich darum kümmert, auch nicht, nur für das Funktionieren der Maschine und vor allem für das, was am Ende dabei rauskommt.

Einige Hülsmannsche Projekte sind allerdings mittlerweile fast zum Markenzeichen der Schule geworden. Der Kessler-Day etwa ist eine feste Institution und weit über die Schulgrenzen bekannt. Unübersehbar sind auch die großflächigen Gemälde an den Schulaußenwänden. Eine Wand zeigt sogar auf der gesamten Fläche das Konterfei Harry Graf Kesslers. Das sind immerhin fast zwanzig Meter in der Höhe und knapp zehn Meter in der Breite. Sieht richtig beeindruckend aus, auch wenn sein Hut schief sitzt. Beziehungsweise asymmetrisch. Manchmal, wenn ich durch die Stadt fahre und sehe, wie überdimensional Großkonzerne für sich werben, denke ich, die haben sich das von unserer Schule abgeguckt. Wir hatten das, bevor die alle damit angefangen haben.

Vor Jahren hat Frau Hülsmann außerdem unser Schullogo entworfen, Kessler-Kopf im Warhol-Stil, das prangt jetzt auf Briefköpfen, Homepage, T-Shirts und eben allem, was irgendwie mit der Schule zu tun hat.

So, und nachdem nun klar geworden sein dürfte, wie viel die Schule Frau Hülsmann bedeutet, wäre noch hinzuzufügen, dass es neben Harry Graf Kessler noch einen Mann gibt, den sie verehrt und der in ihrer Anwesenheit unter keinen Umständen kritisiert werden sollte: Günther Jauch.

Von dem schwärmt sie auf eine Weise, die er wahrscheinlich als Belästigung empfinden würde, bekäme er Wind davon. Jede ihrer Lobeshymnen endet mit der Bemerkung, er habe außerdem den Schalk im Nacken. Diese Formulierung lernte ich zufälligerweise kennen, als Alexander Schalck-Go-lodkowski irgendwann in den Neunzigern vor Gericht stand und seine dämonische Aura das Land elektrisierte. Seitdem gruselt es mich immer, wenn jemand vom Schalk, in wessen Nacken auch immer, spricht. Und weil Kollegin Hülsmann diese Formulierung immer im Jauch-Kontext nutzt, ist der mir ein bisschen suspekt geworden. Das ist ein bisschen wie mit dem Tattoo-Laden auf meinem Schulweg, der vor zwei oder drei Jahren dichtmachte. Obwohl da jetzt ein Bäcker drin ist, kommt es mir beim Vorbeigehen immer so vor, als strömte aus dem Gebäude der Geruch von verbranntem Fleisch und Desinfektionsspray. Noch so ein Phantomgeruch.

Gestern hatte Kollegin Hülsmann Geburtstag, und weil sie sechzig geworden ist, gab es in der großen Pause eine kurze Ansprache im Lehrerzimmer. Dabei wurde ihr ein Porträt von Günther Jauch überreicht. Eines, auf dem er aussieht, als wäre er schon Bundespräsident. Kollegin Hülsmann ist prompt rot geworden, wie ich noch niemals einen Menschen habe rot werden sehen. Um ihr den Eindruck zu vermitteln, ihre Begeisterung zu verstehen, sie vielleicht sogar ein biss-chen zu teilen, begann ich mit Kollege Eilers ein ganz und gar uironisches Weißt-du-noch-Gespräch über Herrn Jauch. Und dann habe ich es mit den Solidaritätsmaßnahmen even-tuell ein bisschen übertrieben und der Kollegin erzählt, dass ich mich als Student mal bei *Wer wird Millionär?* beworben hatte. Da strahlte sie mich an und wollte alles wissen. Ich habe ausführlich berichtet. Gar nicht so einfach, wenn man sich da nie beworben hat.

$$a^2 + b^2 = c^2$$

ABITURPRÜFUNG

Nach ihrem Piercing möchte Eva aus meiner Klasse nun eine Tätowierung. Erst mal eine. Davon redet sie unentwegt, und ich habe ständig Déjà-vus, denn wie beim Thema Piercing habe ich den Eindruck, dass Eva sich danach sehnt, ein Plus an Tiefgang und Individualität zu erwerben. Erinnert mich dunkel an das Prinzip des mittelalterlichen Ablasshandels. Das hat sich ja nur einseitig bewährt und sich deshalb zu Recht nicht durchgesetzt. Auch hier funktioniert es nicht so richtig, da hat Eva sich verspekuliert, finde ich. Für Geld gibt es kein Seelenheil, für Tätowierung keine Tiefgründigkeit. Das wäre so, als erhoffte ich mir ein schnelleres Wachstum der Baby-Giraffen im Zoo, wenn ich Äpfel ab heute nur noch direkt vom Bauern kaufe. Wobei man in Evas Fall Ring und Tinte ja immerhin als Schmuck verkaufen kann, ist insofern nicht der schlechteste Deal.

Sinn und Tiefgang suchende Teenager finde ich eigentlich sehr gut, ich habe solchen Schülern schon oft Bücher geliehen. Also echte Bücher, keine über Modifikationen des Äußeren.

Eva scheint jetzt jedenfalls Morgenluft zu wittern, weil ihre

Eltern erst kürzlich das Piercing erlaubt haben. Da kann es ja nun nicht so schwer sein, ihnen auch das Okay für eine Tätowierung abzutrotzen. Glaubt Eva. Es soll ein Baum werden, sie liebe Bäume und müsse sich damit jetzt mal beschäftigen. Diese Wald-Bücher von dem Förster, der immer bei Markus Lanz rumsitzt, sollen ja sehr gut sein.

Kurze Zeit später bitten mich ihre Eltern um ein Gespräch, und weil es nicht um ihre Schulleistungen gehen kann, die sind ausgezeichnet, vermute ich, sie wollen mit mir über Tätowierungen sprechen. Das geht mich ja gar nichts an, und als ich beginne, mir einen Standpunkt zu überlegen, und Formulierungen ausprobiere, merke ich, dass es sehr problematisch klingt, wenn ich jetzt hier über die Haut einer Sechzehnjährigen spreche. Wirklich unangenehm.

Das erinnert mich daran, wie vor Jahren mal eine Schülerin zu mir kam und schluchzend erklärte, sie sei schwanger. Ihre Eltern dürften davon aber nichts erfahren. Das war noch deutlich unangenehmer. Schwieriges Elternhaus – wie erzählt man Eltern, dass ihre Tochter schwanger ist? Darf man das überhaupt? Oder muss man das sogar? So was lernt man ja nicht im Studium. Ja, und dann steht man da und meint es gut, fühlt sich als Mitwisser, aber gleichzeitig ein bisschen mitschuldig und schämt sich augenblicklich, dass man in so einer Situation an sich selbst denkt. Zum Glück ist diese Stadt reich an Institutionen und Vereinen, gibt ja nix, worum sich nicht irgendwelche Vollprofis kümmern. Mittlerweile habe ich alle möglichen Nummern und Adressen, und Suchmaschinen sind auch in so einer Lage großartig. Ich habe dann in Anwesenheit der

Tochter mit den Eltern gesprochen und ihnen erklärt, dass sie Großeltern werden. Das Kind wurde acht Monate später geboren und heißt mit zweitem Namen Harry.

Zurück zu Evas Eltern. Als sie sich setzen und zu erzählen beginnen, geht es nicht um Tätowierungen. Eva will die Schule schmeißen, nach Südamerika gehen und bei einem Regenwald-Projekt mitmachen. Eltern ratlos. Gemeinsam tragen wir die auf der Hand liegenden Argumente zusammen, die Eva zum Bleiben bewegen sollen. Die Eltern wirken aber, als hätten sie schon kapituliert. Regenwald-Retten ist eine gute Sache, aber wie kann sie bloß auf die Idee kommen, dass es für sie oder den Regenwald sinnvoll wäre, jetzt die Schule zu verlassen. Bisschen impulsiv, muss schon wieder an Ablasshandel und Luther denken.

Da drucksen die Eltern ein bisschen rum und erklären, genau genommen seien sie eventuell, wer könne das schon mit Bestimmtheit sagen, nicht ganz unschuldig an der Situation. Sie selbst hätten eine Weile in Kolumbien gelebt, und weil es ihnen seit ein paar Jahren nicht besonders gut gehe, Diabetes beim Vater, Arbeitsunfall und anschließende Arbeitslosigkeit bei der Mutter, könnte es sein, dass sie ihre Zeit in Südamerika seit Jahren verklären. Sei also nicht ausgeschlossen, dass sie damit ihrer Tochter einen Floh ins Ohr gesetzt hätten.

Ja, das leuchtet mir ein, das fällt bei einer sinnsuchenden Eva wahrscheinlich auf fruchtbaren Boden. Ich will nicht anmaßend sein und möchte mich eigentlich auch nicht in Familienangelegenheiten einmischen, aber könnte es nicht eine Option sein, dass sie als ganze Familie auswandern? Vielleicht wäre damit ja allen geholfen? Vorsichtig und ein bisschen umständlich stelle ich diese Frage, aber davon wollen sie nichts wissen: »Und wovon sollen wir da leben?«

6c, altes Rom, tolle Sache. Josefine erzählt, dass die Stadt heute immer noch viel zu bieten habe und einen Besuch wert sei, letztes Jahr war sie mit ihren Eltern da. Es gebe da zum Beispiel Bilder von berühmten Malern, jede Menge Pizza von berühmten Köchen und tolle Bauwerke von berühmten Bauern. Da schaltet sich Tim ein. Bauern? Bauern kenne er auch, sein Opa sei mal einer gewesen und reich geworden, als man ihm seine Felder abgekauft hat, weil da eine neue Autobahn gebaut werden sollte. Mit dem Reichtum sei er aber nicht klargekommen, er habe nur teuren Quatsch gekauft, viele ganz alte kaputte Autos zum Beispiel, wer macht denn so was? Heute lebe er im Altersheim und habe nichts. Nicht mal WhatsApp.

Als ich heute vor der ersten Stunde in meinen Klassenraum will, kriege ich den Schlüssel nicht ins Schlüsselloch. Erst denke ich, ich habe einfach den falschen Schlüssel genommen, ist aber der richtige, und jetzt stehe ich da, und der Schlüssel geht nicht ins Schlüsselloch, und ich komme nicht in den Raum. Immer Ärger mit diesem Schloss. Aber bevor ich dieses Mal wieder zu Dombrowski laufe, gucke ich mir das selber an und tatsächlich: Es sieht aus, als hätte da jemand irgendeine Masse reingepresst. Vermutlich Wachs. Das nervt, Vandalismus ist nicht cool. Und weil mittlerweile aufgeflogen ist, dass, welch Wunder, Carl hinter dem Zahnpasta-Attentat, wie die Schüler es nennen, steckte, gerät er jetzt natürlich ins Visier, was soll man machen. Ich spreche ihn darauf an, und er antwortet so einsilbig und vermeidet so angestrengt Blickkontakt, dass ich ihm nicht glaube, als er sagt, er sei es nicht gewesen. Beim nächsten Mal, kündige ich ihm an, wird es leider eine Klassenkonferenz geben müssen. Darauf sagt er nichts und geht einfach.

Wenn einen Dinge im Beruf so richtig nerven, dann sollte man überlegen, wie man sie umgehen kann. Wenn das nicht geht, gilt es, Strategien zu finden, die den Umgang erträglich machen. So ist es bei mir mit dem Korrigieren von Klausuren. Spätestens nach der zehnten habe ich keine Lust mehr, korrigiert werden muss aber trotzdem, kommt man nicht drum rum. Deshalb versuche ich manchmal, mich durch Randbemerkungen selbst zu unterhalten.

Neulich nannte ein Schüler einen Autor, bei dem es sich immerhin um Jürgen Habermas handelte, immer beim Vornamen. Irgendwann schrieb ich an den Rand: »Ach schau an, Sie duzen sich, das ist ja interessant. Wo haben Sie den Jürgen denn kennengelernt? Ich war nur mal bei einer Ringvorlesung, war aber noch langweiliger als Ihre Klausur.«

Solche Kommentare radiere ich wieder weg, klar, man will ja nicht respektlos sein, das geht in diesem Job nicht, und auch sonst im Leben, abseits der Schule, sollte man aus guten Gründen auf Respektlosigkeiten verzichten. Und ja, trotz des kleinen Malheurs, das mir neulich bei Sophias Klassenarbeit passiert ist, benutze ich diese Stifte immer noch. Gruß an Sophia.

Vor ein paar Tagen habe ich das Radieren dann aber blöderweise vergessen. War so klar, irgendwann musste das passieren. Gestern habe ich die Klausuren zurückgegeben, und heute erst fiel mir ein, dass ich vergessen habe zu radieren. Seitdem ist mir unwohl. Denn bei August steht jetzt am Rand: »August, könn sie das hir lesn? Nich so gut? Sp ghts mir mal wider mitm Mist den sie hir abgebn ham Rchtschreibng Inalt Form alles Volkatrostofe.« Ja, und jetzt überlege ich, ob ich in die Offensive gehe und ihn möglichst schnell darauf anspreche, oder ob ich hoffe, dass er sich meine Randbemerkungen überhaupt nicht anguckt. Davon gehe ich eigentlich sogar aus, hätte er das in der Vergangenheit gemacht, würde er schließlich nicht solche Klausuren schreiben.

Als ich vor Jahren eine achte Klasse beim Wandertag begleitete, lernte ich Anton kennen. Er war gestürzt, Elle und Speiche standen in einem ungewöhnlichen Verhältnis zueinander, und eine Stunde später saßen wir dann zusammen im Krankenhaus und haben gewartet. Fortan hatten wir einen guten Draht zueinander. Das änderte sich auch nicht, als die Pubertät in der neunten Klasse nachhaltig dafür sorgte, dass ihn sonst kein Lehrer mochte. Als er in der zehnten Klasse war, habe ich ihn am Abend des ersten Mai spuckend auf der Straße gesehen und ihm Taschentücher und Kaugummi gereicht. Darüber gesprochen haben wir weder an jenem Abend noch irgendwann danach. In der elften wurde er erwachsen und Schülersprecher und gehörte zu den besten Schülern in meinem Grundkurs. Ein Quatschvogel ist er geblieben, seine letzte Klausur hat er mit folgender Widmung begonnen: »Für meine Eltern, denen ich alles zu verdanken habe!«

So. Und jetzt sitzt er vor mir, mündliche Abiturprüfung. Alle anderen Prüflinge haben sich heute ein bisschen schick gemacht, fast alle Jungs tragen Hemd, zwei sogar Sakko darüber, mehrere Mädchen kommen in Bluse und Rock. Bei einer jungen Dame war der Rock verblüffend kurz, dazu trug sie High Heels. Das sah ein bisschen übertrieben und irgendwie verkleidet aus, vor allem, weil sie offensichtlich wenig Erfahrung mit solchen Schuhen hatte und sich bewegte, als balancierte sie auf einem Hochseil. Anton hingegen sitzt da jetzt wie immer in zerrissenen Jeans und Gangster-Rap-Shirt, heute mit Capital-Bras-Konterfei auf der Brust. Zu meiner Rechten sitzt Kollegin Lütering, die echt nett, aber, Verzeihung, nur mit dem überschaubaren Wortschatz einer Zehntklässlerin ausgestattet ist. Nachdem Anton einen kurzen Vortrag gehalten und ich anschließend Fragen gestellt habe, löchert Kollegin Lütering ihn. Dabei hangelt sie sich von Floskel zu Floskel. Hoch im Kurs steht bei ihr offenbar gerade »Ich sag jetzt einfach mal«, was ein bisschen darauf schließen lässt, dass sie ahnt, nicht immer die richtigen Worte zu finden.

Während Anton antwortet, stutze ich plötzlich. Moment mal. Kann es sein, dass dieser Typ gerade die Chuzpe hat, Frau Lütering – in diesem Moment immerhin seine Prüferin – zu parodieren? Er beginnt jeden Satz mit »Ich sag jetzt einfach mal«. Und jetzt grinst er mich auch noch verschwöre-risch an. Unerhört. Was ist denn hier los, denke ich, und ver-suche, nicht zurückzugrinsen. Muss aber zugeben, ein biss-chen begeistert zu sein.

CALL FROM IRAN

Ich habe Kontakt mit einer NGO aufgenommen, die sich für den Regenwald einsetzt, und ihnen den Fall von Eva geschildert. Man muss sagen: Die sind ganz schön schlau. Sie haben mir vorgeschlagen, Eva für ein Praktikum nach Brasilien einzuladen. Wenn sie sich da gut anstellt, dann wollen sie ihr die Zusage geben, nach dem Abitur nach Südamerika gehen zu können. So richtig mit Bezahlung und so. Nach dem Abi, so wollen sie ihr erklären, sei das alles deutlich einfacher, weil sie dann erwachsen und für die Organisation viel nützlicher ist. Allerdings, so sagt man mir, brauche sie vor Ort dann einen Führerschein, das sei eine der Voraussetzungen. Kein Problem, denke ich, wird sie schon noch machen. Zucke dann aber zusammen: Ich weiß, es ist albern, aber Eva und FÜHRERschein? Ich kann nicht ausschließen, dass das schwierig werden könnte.

Freihandelsabkommen sind vollkommen aus der Mode geraten. Ein zwielichtiger US-Präsident und viele weitere zum Teil ebenfalls nur so mittelseriöse Akteure haben effektiv getrommelt. Das ist aber eher nicht der Grund, warum Carl und Jannis im Unterricht zum Thema Globalisierung »CETA« nicht so aussprechen, wie man es ausspricht. Sie sagen demonstrativ »Keta«. Zur Erklärung: »Keta«, kurz für Ketamin, ist ein Betäubungsmittel, das in den letzten Jahren zur Mode-Droge wurde, die bedauerlicherweise auch bei manchen Berliner Schülern ein Thema ist.

Weil Carl und Jannis immer grinsen, wenn sie »Keta« sagen, und weil aus ihrer Ecke in den letzten Wochen häufiger Anspielungen zu vernehmen sind, die ein fragwürdiges Verhältnis zu Betäubungsmitteln erkennen lassen, frage ich lehrermäßig, ob wir nach der Stunde mal ein Gespräch über Drogen führen sollten. Darauf erklären sie glucksend, ich solle mir mal keine Hoffnungen machen, sie hätten heute leider nichts dabei.

Die meisten Mitschüler verstehen kein Wort, und jetzt guckt Carl mich verschwörerisch an, als würde er sich freuen, dass wir da jetzt ein exklusives Thema haben – offenbar weiß ich ja, was Keta ist. So war das nicht gedacht.

Auf dem Weg zur Schule gehe ich im Kopf die Themen der mündlichen Abiturprüfungen durch, heute ist der zweite Prüfungstag, und ich bin immer auch selbst ein bisschen aufgeregt, fiebere mit den Prüflingen mit und freue mich dann sehr, wenn es gut läuft. So wie bei Ich-sag-jetzt-einfach-mal-Anton, das hat Spaß gemacht. Manche wachsen regelrecht über sich hinaus und schaffen es, mich und sich selbst zu überraschen, andere sind unglaublich gehemmt, stottern und haben

Blackouts. Passiert zum Glück sehr selten, nur Schwitzen und schlotternde Knie gehören zum normalen Programm. Einmal habe ich auch erlebt, wie jemand sich mitten in der Prüfung in den Mülleimer übergeben hat. Armer Kerl. Immerhin hat er uns mit lautem Es-kommt-es-kommt-Gebrüll vorgewarnt und uns den Rücken zugedreht. Wenn man Schüler seit Jahren kennt und sie beim Erwachsenwerden begleitet hat, dann identifiziert man sich automatisch mit ihnen, sogar mit den Unsympathen, kann man nix dagegen machen.

Bevor es heute losgehen kann, muss ich noch kopieren, gestern war der Kopierer kaputt, heute, so wurde versprochen, soll alles wieder laufen. Allerdings hatte ich nicht damit gerechnet, nicht ins Schulgebäude zu kommen. Vor der Tür drängeln sich jetzt Schülermassen, ein Pulk hat sich gebildet. Was ist denn da los? Kurz denke ich, dass das Gebäude noch abgeschlossen sein muss, vielleicht haben Dombrowski und Wohlert, die beide eigentlich immer vor 7:00 Uhr in der Schule sind, verschlafen? Sehr unwahrscheinlich. Und dann schnappe ich irgendwas mit »Gummistiefel« auf und höre gleich darauf, das Foyer stehe unter Wasser.

Zum Glück gibt es zwei Nebeneingänge über den Schulhof, die nun geöffnet werden und durch die jetzt alle strömen. Glücklicherweise ist nur das Foyer, nicht aber die Flure oder die Klassenzimmer im Erdgeschoss betroffen. Und weil der Boden aus Terrazzo besteht, ist mit einem Wasserschaden nicht zu rechnen. Aber die Umstände sind trotzdem groß, und Empörung und Betroffenheit sind es auch. Mir geht es nicht anders, das Foyer unter Wasser zu setzen, finde ich schon hart, und ich fühle mich ein bisschen beklommen, weil ich ja wittere, wer dahintersteckt. Ich gucke auf die Uhr, Kopieren hat Priorität, später ist ja Abiturprüfung.

Vor dem Kopierraum lungert zufällig Carl rum, wie praktisch, ich schnappe ihn mir und konfrontiere ihn mit meinem Verdacht. Er mauert wieder, guckt konsequent auf den Boden, und mehr als unverständliches Murmeln bekomme ich nicht aus ihm heraus. Ein Geständnis kann man das nicht nennen. Dann kündige ich an, den Unterricht heute ausfallen zu lassen und stattdessen mit allen Schülern Vieraugengespräche zu führen. Das scheint ihm nicht zu gefallen.

Zuerst sind aber die Abiturprüfungen dran. Als ich den Prüfungsraum betrete, sitzt da schon meine Mitprüferin Frau Lütering und als Prüfungsvorsitzende Kollegin Pfaif-Böhring, die wegen des Teichs im Foyer keine gute Laune zu haben scheint. Als ich neu im Business war, musste ich beim Wort »Prüfungsvorsitz« immer schmunzeln. Das klang für mich so gestrig, ein bisschen wie Wirtschaftswunderzigarre oder Rollschuh-Disco. Nur ohne den Glamour. Das hat sich durch Gewöhnung gelegt, zumal man an Schulen ja ständig mit Dingen zu tun hat, die sich gestrig anfühlen. Dazu fallen mir auch unsere Schultoiletten ein und überhaupt die ganze Bausubstanz. Und die Ausstattung. Und manchmal auch die Rahmenlehrpläne. Aber davon will ich jetzt nicht erzählen, sondern von Benno, der wird jetzt schließlich geprüft. Weil er stottert, gucke ich nicht so genau auf die Uhr, sein Prüfungsvortrag, mit dem jeder Prüfling beginnt, dauert ein paar Minuten länger als erlaubt, ich unterbreche ihn nicht.

Das wäre eigentlich meine Aufgabe, aber er hat eben sein Handicap.

Das Prüfungsgespräch läuft überzeugend, wirkt durch das Stottern aber holprig. Als er den Raum verlässt und ich meinen beiden Mitprüfern zehn Punkte vorschlage, schnauft Frau Pfaif-Böhring theatralisch. Benno habe fast fünf Minuten überzogen, allein schon deshalb könne er unmöglich zehn Punkte bekommen. Wer seine Nerven nicht im Griff habe, müsse damit leben, keine gute Note zu bekommen, gleiches Recht für alle. Ich erkläre, dass die Überlänge seiner Ausführungen nur zur Hälfte mit Aufregung, zur anderen aber darin begründet sei, dass er nun mal stottert, das müssen wir doch berücksichtigen. Daraufhin fragt sie mich tatsächlich, ob ich bei Mutter Theresa studiert hätte. Was ein ganz guter Spruch wäre, wenn es ein Witz sein sollte, sollte es aber nicht, deshalb ist es schlicht unverschämt. Sie sagt noch was von Gerechtigkeit, ich sage noch was von pädagogischem Fingerspitzengefühl.

Wir werden uns nicht einig, und die bislang schweigende Mitprüferin Lütering traut sich offenbar nicht, Pfaif-Böhring zu widersprechen, und gibt ihr schließlich recht. Benno geht mit acht Punkten aus dem Raum und ich mit schlechter Laune.

Gleich nach der Prüfung eile ich in meine Klasse, habe da jetzt eine Doppelstunde und noch was vor. Carl. Erwartungsgemäß ist schnell klar, dass ich nicht mit allen sprechen muss.

Schon die Ersten packen aus: Carl hat Fotos von der Wässerungsaktion gemacht, sogar eine Insta-Story, und sich demnach keine Mühe gegeben, seine Urheberschaft zu vertuschen. Im Gegenteil, er genießt augenscheinlich die Aufmerksamkeit, oder um es mit den Worten von Jannis zu sagen: Er lässt sich für seine nicen Pranks hart abfeiern. Weitere Mitschüler erzählen mir, dass Carl mit seinen Aktionen schon länger seinen Instagram-Kanal bespielt und mittlerweile kaum jemand am Kessler so viele Follower hat wie er. Sie sagen das in einer Weise, dass kein Zweifel über die Bedeutung von Follower-Zahlen besteht, das ist die Währung, die zählt. Und Jonathan erklärt mir, Carls Aktionen seien pures Insta-Gold, klar. Kann schon sein, dass Carl so über die Stränge schlägt, um Karla mit seinen spektakulären Aktionen und seiner Follower-Zahl zu beeindrucken. Und wenn ich es richtig verstehe, dann ist Carl gerade bei den jüngeren Schülern ein Held, beziehungsweise *der King*, wie sie sagen.

Immerhin habe ich weiterhin den Eindruck, dass er ganz gut drauf ist. Nicht obwohl, sondern weil er Ärger macht. Und irgendwie geht mir auch nicht aus dem Kopf, dass ich gestern von Karla und Jonathan gefragt wurde, ob sie zusammen ein Referat halten könnten. Wenn ich mir bei solchen Ansinnen immer Gedanken machen würde, dann bekäme ich bald komplizierte Knoten im Kopf, aber in diesem Fall wittere ich was.

Jannis zockt ständig im Unterricht. Ich nehme ihm regelmäßig das Smartphone weg, seit Monaten ist das ein vertrautes

Ritual. So lief das auch gestern wieder, zu Beginn der ersten Stunde. Und als dann also sein iPhone vor mir auf dem Pult lag, erinnerte ich mich daran, irgendwann mal im Netz eine Anregung zum Thema Schüler und Handy gelesen zu haben. Mir war allerdings noch nicht ganz klar, ob ich diese Anregung genial oder ziemlich albern finden sollte, beides geht ja oft Hand in Hand. Während die Klasse mit einem Arbeitsblatt beschäftigt war, überlegte ich ein bisschen hin und her und überredete mich dann irgendwie selbst. Ich suchte in meinem Telefon nach der Klassenliste, fand dort Jannis' Nummer und rief ihn an. Mein Handy legte ich unauffällig auf meine Tasche unter dem Tisch.

Als sein iPhone klingelte, guckten alle irritiert nach vorne, und ich bemühte mich, genauso irritiert zu gucken. Dann wartete ich einige Sekunden, bevor ich das klingelnde Handy langsam in die Hand nahm. Dabei schaute ich Jannis an und schüttelte leicht den Kopf. Die Klasse war still und wurde noch stiller, als ich ranging. Hallo?

In den nächsten zwei Minuten simulierte ich ein Gespräch mit Jannis' Vater. Ich fragte höflich, weshalb er morgens seinen Sohn anrufe, er müsse doch wissen, dass der gerade in der Schule sei. Davon abgesehen fände ich es unerhört, dass Jannis sein Smartphone in der Schule wie ein Abhängiger nutze – sogar im Unterricht! –, ob das denn zu Hause auch so ein Problem sei? Im Verlauf dieses »Gesprächs« wurden Jannis' Vater und ich uns einig, na klar, dass sein Sohn sein Handy in Zukunft zu Hause lassen wird. Gut gut, dann ist ja alles in Ordnung, danke fürs Gespräch, auf Wiederhören.

Ich hatte keine Ahnung, ob mir meine Klasse das Theaterstück abkaufte, die meisten guckten perplex, einige grinsten ungläubig. Jannis setzte zunächst ein Pokerface auf, kam dann aber nach der Stunde zu mir, um sein Smartphone abzuholen und guckte mich dabei ernst an. Sein Vater sei gerade im Iran, ausgeschlossen, dass er ihn angerufen habe. Aber okay, Botschaft sei angekommen, Handy bleibe im Unterricht jetzt in der Tasche.

Ich habe mich dann gestern den ganzen Tag wie so ein Klassenclown über diesen Spaß gefreut, auch wenn Lehrerstreiche potentiell peinlich bis kindisch sind, schon klar. Und sie gehen nicht gut aus, denn heute musste ich feststellen, dass ich die Rechnung ohne Jannis gemacht hatte. Der muss meine Nummer aus seiner Anrufliste gespeichert und weitergegeben haben. Und in meiner heutigen Stunde vibrierte mein Telefon, das in meiner Hosentasche steckte, alle paar Minuten. Hab ich ignoriert, war aber anstrengend. Es steht eins zu eins, würden meine Schüler sagen, wenn ich sie darauf ansprechen würde, muss ich aber gar nicht, wir sind quitt, ab morgen herrscht wieder Ruhe.

PROPAGANDAHITS

Während meiner Pausenaufsicht sucht mich Kollegin Pfaif-Böhring auf. Fast mache ich mir Sorgen, weil sie sich mit Trauerrednermiene nähert, und ich werde nicht entspannter, als sie erklärt, mir etwas mitteilen zu müssen. So was hört man nie gerne und von der stellvertretenden Schulleiterin erst recht nicht. Vor allem nicht, nachdem sie mir letzte Woche erklärte, Liane wolle Beschwerde gegen ihre von mir erteilte Abiturnote einlegen, die Eltern hätten sich schon anwaltlich beraten lassen. Mir schwant nichts Gutes.

Ich habe keine Ahnung, wann das angefangen hat, dass Eltern auf die Idee kamen, besser als Lehrer beurteilen zu können, was ihre Kinder in der Schule abliefern. Also sie dürfen ja denken und sagen, was sie wollen, finde ich genau genommen sogar toll, dass sich jeder äußern kann, wie er will, auch ohne Sachkenntnis oder hehre Ziele, aber wenn sie Anwälte einschalten, wird es unangenehm. Frage mich gerade, ob es eigentlich viele Berufszweige gibt, in denen einem vergleichsweise oft mit Anwälten gedroht wird. Okay, bei Kriminellen, da wird es auch so sein, in der Branche hat man sicher immer Ärger mit Anwälten.

So oder so: Die betreffende Schülerin hatte mit Ach und Krach ihr Abitur geschafft, und wer sie kennt, weiß, wie viele Augen über die Jahre zugedrückt wurden. Deshalb war es auch nicht verwunderlich, dass es eng wurde. Ich kann kaum glauben, dass sie nicht super glücklich, sondern offenbar super klagebereit ist. Andererseits habe ich auch in der Vergangenheit keine guten Erfahrungen mit der Familie gemacht. Als Liane in der sechsten Klasse war, beschwerte sich die Mutter bei mir, es könne ja wohl nicht sein, dass ihre Tochter Tafelbilder abschreiben müsse. Als Sechstklässlerin sei sie schließlich alt genug, selbst zu entscheiden, was sie abschreiben will.

Monate später rief ich sie an, weil sich Liane ständig über ihre Mitschüler lustig machte. Davon hatten Kollegen abgeraten, weil die Mutter uneinsichtig und furchtbar schwatzhaft sei. Da sollten sie recht behalten: Schon nach wenigen Sätzen unterbrach sie mich und lobte ihre Tochter in langatmigen Ausführungen. Als ich irgendwann doch zu Wort kam (indem ich laut wurde) und erzählte, dass sich ihre Tochter regelmäßig über Mitschüler lustig mache und diese nachäffe, lachte sie und sagte: »Ha! Meine Süße, genau wie ich früher!« Da war ich erst mal kurz sprachlos und fand mich dann in einem absurden Gespräch wieder, in dem ich einem erwachsenen Menschen zu erklären versuchte, dass es andere Menschen verletzt, wenn man sie nachäfft. »Ist doch nur Spaß«, wiederholte meine Telefonpartnerin mehrmals und irgendwann, wahrscheinlich weil sie in die Offensive gehen wollte, erklärte sie mir, mein Unterricht könne übrigens nicht viel taugen, schließlich habe Liane bei meinem Vorgänger bessere

Noten bekommen. Klar. Wenn der Bauer nicht schwimmen kann, ist die Badehose schuld.

Darum geht's heute aber gar nicht, nichts Neues von der Lianeschen Anwaltsfront. Stattdessen erklärt mir Frau Pfaif-Böhring, dass es während ihrer Vertretungsstunde heute Morgen in meiner Klasse zu einem unerfreulichen Vorfall gekommen sei, von dem sie mich nun in Kenntnis setzen müsse. Sie habe einen Film zum Thema ausgestorbene Tierarten gezeigt, und da ist es passiert: Lasse ist eingeschlafen. Drei Mal. Das sei ihr ganz unbegreiflich, der Film sei zwar aus den Siebzigern, aber immer noch spannend wie ein Krimi und hochaktuell. Sicherlich, in den letzten vierzig Jahren seien noch weitere Tierarten vom Erdball verschwunden, aber die könnten vom Unterhaltungsfaktor kaum mit dem Säbelzahntiger mithalten. Wir müssten nun also beraten, welche Konsequenzen für Lasse zu ziehen seien.

Ich muss lachen, woraufhin sie sagt, darüber könne sie gar nicht lachen, und dann dampft sie wort- und grußlos davon, zornesrot. Offenbar hat sie den Eindruck, dass ich ihr Anliegen nicht ernst nehme, und das tut mir leid, obwohl es stimmt, und jetzt ist sie weg. Das finde ich schade, denn gerne hätte ich ihr vorgeschlagen, dem Schüler beim nächsten Mal was ins Gesicht zu malen. Säbelzähne zum Beispiel ständen ihm bestimmt gut.

Später spreche ich Lasse darauf an und frage, was da los war. Gibt es Probleme zu Hause? Wie kann man eigentlich ohne Kissen auf dem Tisch schlafen, das müsse er mir mal verraten. Und hat er kein Herz für Säbelzahnmammuts und

Co.? Nee nee, sagt er, alles in Ordnung zu Hause und mit den toten Tieren auch. Aber der Film sei eben noch einschläfernder als der Unterricht von Frau Pfaif-Böhring. Pfaif-boring sozusagen, und außerdem zeige sie den in jeder Vertretungsstunde. Drei Mal schon in diesem Schuljahr.

Tim und Michel aus der 6c sind wie Nord- und Südkorea. Nur leider ohne funktionierende Grenze. Friedliche Koexistenzen entstehen frühestens ab der siebten Klasse. Insofern haben wir es hier eher mit andauerndem Weltkrieg und weniger mit Kaltem Krieg zu tun. Auf die simple und vermeintlich naheliegende Strategie, sich einfach aus dem Weg zu gehen, kommen Schüler meist erst mit der Pubertät. Da haben sie dann einfach keine Lust mehr auf diese nervenaufreibenden Kleinkriege.

Heute erklärt mir Michel lang und breit, Tim sei IMMER mit seinem linken Ellenbogen auf seiner Seite des Tisches, an dem sie gemeinsam sitzen. Das veranlasst Tim dazu, das Gegenteil zu behaupten. Vollkommen eindeutig, dass es Michel sei, der die Grenze verletze. Beide hantieren ständig mit einem Lineal herum, um auszumessen, wo ganz genau die Mitte liegt. Das sieht sehr umständlich aus. Sie eint die Verzweiflung über den Umstand, dass sie die Mitte nicht markieren dürfen, Tische bekritzeln – und sei ein höheres Ziel der Grund, in diesem Fall immerhin die Friedenssicherung! – ist verboten, da kann ich auch nicht helfen. Als ich vorschlage, sie könnten doch einfach ihre Federmappen in die Mitte legen, erklären beide, immer noch mit sichtbar angeschlagenem Nervenkostüm, dass der jeweils andere die Mappen einfach verschieben würde. Mit klassischer Diplomatie wird es also schwierig, wenn solche Prämissen die Grundlage sind, das leuchtet mir ein. Beide können gar nicht begreifen, dass der andere – trotz wiederholter und massiver Grenzverstöße! – davonkommt und nicht knallhart bestraft wird.

In der großen Pause bemerke ich, dass Emilia, ebenfalls 6c, weint, nicht zum ersten Mal, weil sie angeblich niemand mag. Das ist zwar Blödsinn, aber sie vom Gegenteil zu überzeugen hat sich in den letzten Monaten als unmöglich erwiesen. Ich würde sie gerne trösten, muss mich aber wieder um die Grenzkonflikte am Nachbartisch kümmern, die beiden Koreas zanken wieder, es droht eine neue Eskalationsstufe. Deshalb setze ich sie auseinander, obwohl so was in dieser Klasse immer unbedingt mit Kollegin Hülsmann abgesprochen werden soll, die ist hier Klassenlehrerin, aber die meide ich ja gerade.

Als ich Tim und Michel frage, was Frau Hülsmann denn zu all dem sage, sprudelt es aus beiden heraus. Sie sind einhellig der Meinung, dass Klassenlehrerin Hülsmann einfach NICHTS unternehme, es sei unglaublich. Wenn sie älter wären, würden sie Staatsversagen oder gleich das Fehlen eines Rechtsstaates diagnostizieren und anprangern. Während sie jetzt also ihre Klassenlehrerin anklagen, bestätigen sie sich immerfort gegenseitig; ständig sagt einer der beiden »genau!«. Das bringt mich auf die Idee sie auf ihre Einigkeit hinzuweisen. Ich erkläre ihnen, wie gut das ist, wenn sie an einem Strang ziehen, gemeinsam kann man ja Interessen viel besser vertreten, und sie sollen sich mal überlegen, wie man Frau Hülsmann dazu bringen könnte, etwas zu unternehmen. Die muss sich doch kümmern! Beide strahlen, und ich muss sagen: Das hat Spaß gemacht.

Kollege Crust ist alles egal, und es ist nur konsequent, dass auf seinem alten Rucksack, der ein bisschen nach Bundeswehr und siebziger Jahre aussieht, steht: »Mir doch egal!« Konferenzen verlässt er meist nach ein paar Minuten. Er zieht dann seine Schuhe an, sagt, er habe noch Termine, und geht. Glaubt ihm zwar jeder, aber alle sind sich ebenso sicher: Das sind private Termine. Gehe gar nicht, was der so mache, oder eben nicht mache, sagt man im Lehrerzimmer, und alles auf dem Rücken von Kollegen, die dann ausbaden müssten, was er versäume.

Ins Bild passt, dass er ständig Floskeln wie »Sehe ich gar nicht ein« benutzt, wenn es um Verpflichtungen geht, oder »wie so'n Spießer« sagt, wenn von Kollegen die Rede ist. Ab und zu habe ich das Bedürfnis, ihn zu verteidigen, Unkonventionalität und ein dosierter anarchischer Wind tun jedem Verein, jeder Gesellschaft und jeder Institution gut. Leider ist er unzuverlässig und faul, das macht es mir nicht leicht.

Crusts Unterricht hat mir Karla mal als Feuerwerk beschrieben: nie langweilig, immer überraschend, meistens chaotisch und manchmal irgendwie hart an der Grenze der Legalität. Weiß nicht genau, wie das zu verstehen ist, aber in meinem Kopf geht es bei solchen Schilderungen hoch her, allein das finde ich schon anregend. Kein Wunder, dass er bei den Schülern einen guten Stand hat, das finden manche Kollegen aber unfair. Diese menschliche, aber alberne Regung Eifersüchtelei auf Schülergunst wäre vermutlich nicht so ausgeprägt, wenn Crust sich sonst kollegialer zeigen würde. Und wenn es in diesem Job eine befriedigende Anerkennungskultur gäbe. So gieren manche nach Bestätigung und ärgern sich, wenn andere sie bekommen. Schon ein bisschen armselig.

Armselig unkollegial finde ich gerade, dass Crust nicht neben mir steht. Heute ist Dienstag, erste Hofpause, wir haben eigentlich zusammen Hofaufsicht. Das Problem ist: Er kommt nie. Als ich ihn später darauf anspreche, nicht zum ersten Mal, sagt er nur, das mit der Aufsicht sehe er gar nicht ein. Dafür habe er nicht studiert, da müsse sich eine schlaue Schule eben mal was anderes einfallen lassen. Sozialarbeiter, Oberstufenschüler oder wer auch immer. Sei aber nun mal nicht sein Problem, er habe jedenfalls Besseres zu tun, und so schnell verliere man hier seinen Job nicht. Es sei denn, man schlägt Kinder, und das habe er gar nicht vor, insofern sei alles im grünen Bereich. Nee nee, Aufsicht komme für ihn jedenfalls nicht in Frage. The Donald is back.

Es ist kein Geheimnis, dass der Zustand vieler Schulen in Berlin bestenfalls befriedigend bis ausreichend, oftmals eher ungenügend ist. In manchen Schulgebäuden tropft es von den Decken, sobald es draußen nieselt. In anderen sind Feuchtigkeit und Schimmel eine unheilvolle Liaison eingegangen, und manchmal liest man in der Presse sogar von Bauteilen, die von der Decke fallen. Bei uns am Kessler ist es nicht so wild, aber ich weiß nicht, wann die Klassenräume das letzte Mal gestrichen wurden. Das muss lange her sein. Deshalb haben meine Klasse und ich beschlossen, gemeinsam unseren Raum zu streichen. Ich war schon ein paarmal bei Dombrowski und habe vergeblich nach Farbe, Farbrollern und weiterem Equipment gefragt. So ist das immer. Nur wenn man am Ball bleibt, klappt es irgendwann. Eigentlich kann er sich ja freuen, dass wir streichen wollen und nicht ihn darum bitten. Vor ein paar Tagen, als ich ihn in meiner Freistunde in seinem Kabuff aufsuchte, saß Küppers bei ihm, der sitzt da häufig. Freitagnachmittag trinken sie hier immer zusammen Bier. Als ich nun also mal wieder um Farbe bat und erklärte, worum es geht, nickte er nur gelangweilt und murmelte, er werde das schon noch besorgen. Ich drehte mich um, und während ich den Raum verließ, hörte ich, wie Küppers, erst leise, dann lauter, auf Dombrowski einredete: »Das ist die Gelegenheit!« Darauf folgte weiteres aufgeregtes Küppers-Tuscheln, und beide lachten.

Küppers und Dombrowski scheinen ein eingeschworenes Team zu sein. Das finde ich bemerkenswert, weil die beiden so gegensätzliche Typen sind. Der eigenbrötlerische und ewig meckernde Hausmeister mit Berliner Schnauze hat sich mit dem immer gut gelaunten Rheinländer angefreundet. Beide eint ihre Liebe für Bier und Basteln, und gemeinsame Interessen sind ja bekanntlich eine gute Grundlage für eine funktionierende Beziehung. Das freut mich vor allem für Dombrowski, der hat im Kollegium nur so einen mittelguten Stand, und er hat recht, wenn er sagt, keiner wisse seine Arbeit zu schätzen. Gut, zur Wahrheit gehört schon auch, dass er nicht ganz unschuldig an der Situation ist und ich es für eine fragwürdige Kommunikationsstrategie halte, an seine Tür eine Postkarte zu hängen, auf der »Macht euren Scheiß doch aleene!« steht, aber so ist er eben.

In jedem Fall maß ich dem Getuschel der beiden keinerlei Bedeutung zu und vergaß die Unterhaltung kurz darauf. Bis heute.

Die Schule ist längst wie leer gefegt, aber ich muss noch mal in den Klassenraum meiner 10b, weil ich mal wieder meinen Schirm vergessen habe. Gerade als ich aufschließen will, höre ich Stimmen aus dem Raum, dann einen dumpfen Knall und Geräusche, die ich nicht zuordnen kann, gleich darauf lautes Lachen. Das sind ganz eindeutig Küppers und Dombrowski. Ich lausche noch ein paar Sekunden und überlege, ob ich gehen und die beiden in Ruhe lassen soll. Aber natürlich bin ich viel zu neugierig und drücke die Klinke. Da stehen die beiden in beklecksten Einwegoveralls, Tische und Stühle fehlen, die müssen sie in den Nachbarraum geräumt haben, der Boden ist mit Malerfolie ausgelegt, alles ist voller riesenhafter Farbkleckse, und in der Mitte steht eine eigenartige Apparatur. Die beiden kommen aus dem Lachen kaum raus. Küppers' Stimme überschlägt sich wieder und wieder, als er mir erklärt, sie wollten mal was ausprobieren und hätten eine Farbkanone gebaut: »Hier guck mal!« Er zeigt mir stolz die Apparatur. Ja, und mit der beschießen sie jetzt die Wände, Streichen überflüssig. Die Idee hätten sie aus einem Fynn-Kliemann-Video. Szenen einer Männerfreundschaft. Ich bin richtig gerührt.

Aus dem Wochenende habe ich einen Ohrwurm mitgebracht, und mit dem laufe ich heute durchs Treppenhaus und singe leise vor mich hin. So ein Ohrwurm will ja raus. Weil gerade die zweite Stunde läuft und deshalb die Flure verwaist sind, halte ich mich nicht zurück: »Wir ham nen dicken Beat hingeklatscht.« Ich singe leise und höre erst damit auf, als plötzlich jemand hinter mir anfängt zu lachen: Jannis, ausgerechnet. Grinsend fragt er mich, wen ich denn bitte geklatscht habe, er habe das jetzt nur so halb verstanden. Mit dem Grinsen hört er gar nicht mehr auf, das nervt, und ich gucke blöd und suche den Schlagfertigkeitsknopf, auf den ich mich normalerweise verlassen kann. Aber jetzt fallen mir nur Sachen ein, die man als Lehrer nicht sagt. Zumindest nicht während der Schulzeit, nicht in der Schule und nicht zu Schülern.

Diese Episode erinnert mich an eine ähnliche Situation auf meiner letzten Kursfahrt. Da war eine Schülerin dabei, Lina, und immer, wenn ich sie sah, war da eine Melodie in meinem Kopf und der Text dazu. Die dort besungene Lina ist angeblich »immer so wunderwunderschön«, und blöderweise musste ich das ständig summen. Das ging überhaupt nicht mehr weg, obwohl ich schwere beziehungsweise laute Gegengeschütze auffuhr, mit denen ich versuchte, Lina zu vertreiben: Life is life, Madonna und so. Habe sogar wie so ein Anfänger nach Tipps gegoogelt, wie man einen Ohrwurm am besten loswird. Ich weiß nicht, aus wie vielen Gründen ich froh bin, dass keiner was gemerkt hat und ich nie so unachtsam war, das laut zu singen. Jannis weiß, was ich meine. Mal beiseitegelassen, dass Schülerin Lina überhaupt nicht schön war und allein die Erörterung dieses Umstandes potentiell heikel ist, mag ich mir gar nicht ausmalen, wie die Schüler reagiert hätten, wenn das passiert wäre. Am Ende wäre ich womöglich arbeitslos geworden und würde jetzt noch mehr Musik hören und Ohrwürmer sammeln. Das wäre ja an sich nicht so übel. Aber halt: arbeitslos.

Als vergleichbar unangenehm erweist sich meine Ohrwurmanfälligkeit, wenn ich mich auf Unterrichtsreihen zu totalitären Systemen vorbereite. Es passiert dann regelmäßig, dass ich nach dem Durchhören sämtlicher Propagandahits der letzten hundert Jahre diese einfach nicht mehr loswerde. Man kann über die Diktaturen des 20. Jahrhunderts sagen, was man will, aber Ohrwürmer hatten sie drauf. Ist schon vorgekommen, dass ich also eines dieser vollkommen irren Lieder gedankenverloren vor mich hin gesungen habe, und zwar so, dass es Leute mitbekommen haben. Falls ich mal tätlich angegriffen werde oder vor lauter Scham das Land verlassen muss, könnte es mit so einer Geschichte zu tun haben.

Ich bin gerade Jannis und dem Ohrwurmdebakel entflohen, da laufe ich Frau Hülsmann in die Arme, der ich doch eigentlich aus dem Weg gehen wollte. Wir hätten doch schon mal über Tim und Michel aus der letzten Reihe gesprochen, meint sie. Sie wisse nicht, was da passiert sei, aber die scheinen sich endlich zu vertragen. Sie habe sogar den Eindruck, die würden etwas aushecken. Gemeinsam! Ständig würden die beiden jetzt verschwörerisch tuscheln und sie dabei dämonisch ansehen. Das sei ein bisschen unheimlich, aber immerhin kein Streit mehr.

PFERDE STEHLEN

ALLE HARYS SIND SCHWUL. Große, irritierte Augen im Lehrerzimmer, Betroffenheit und wie immer auch Enttäuschung und Wut. Nicht schon wieder. Je obszöner und unkorrekter das Graffiti, desto mehr tobt Frau Pfaif-Böhring, das ist verständlich. Aufmerksamkeitsökonomie wie aus dem Bilderbuch.

Eine Woche später titelt die FAG: »ALLE HARRYS SIND COOL«, was in Schüler- und Lehrerschaft erneut die Gerüchteküche anheizt, es könnte da eine Art Zusammenarbeit geben, oder, noch brisanter, der anonyme Sprüher könnte aus der FAG-Redaktion selbst stammen. Handelt es sich um eine konzertierte Aktion? Einen Skandal anzetteln, um darüber berichten zu können? Obendrein kündigt die Schülerzeitung an, man könne ab sofort T-Shirts und Hoodies mit dem Spruch »ALLE HARRYS SIND COOL« vorbestellen, für 29,90 €. Das mache ich direkt mal, ich bin mir sicher, es werden sich Gelegenheiten zum Tragen ergeben.

Dieses Mal dauert es immerhin nur ein paar Stunden, bis alles überpinselt ist. Den Spruch wird irgendjemand als so anstößig empfunden haben, dass da Druck gemacht worden ist.

Warum eigentlich vermute ich jetzt, dass dieser Jemand nicht weiß, dass Harry Graf Kessler schwul war. Sprühen verstößt trotzdem gegen die Hausordnung, klar.

Heute ist Elternsprechtag, das ist mal was anderes und oft unterhaltsam. Und genau wie bei den Schülern sind mir manche Eltern sehr sympathisch und manche gar nicht. Bin aber in fast allen Fällen beeindruckt, wie ähnlich sich Kinder und Eltern sind. Oft ist es nicht nur das Aussehen, sondern vor allem Gestik und Mimik, in denen sich die Ähnlichkeit findet.

So ist das auch bei Johannes aus meiner Klasse und seiner Mutter, die jetzt vor mir sitzt. Wie ihr Sohn lehnt sie sich beim Zuhören leicht nach hinten und hält den Kopf ein bisschen schief. Und wie ihr Sohn atmet sie schwer, ohne dabei theatralisch zu wirken, wenn ich etwas sage, was sie nicht so gern hört. Zunächst ist es ganz nett, denn sie sagt viele schmeichelhafte Dinge. Das ist schön und kommt unerwartet, Johannes und ich, wir haben keinen Draht zueinander. Also zumindest keinen besonders guten. Und dann zucke ich zusammen, denn seine Mutter erzählt, dass ihr Sohn Lehrer werden möchte, ich sei, ojemine, das Vorbild. Das halte ich für keine gute Idee, ich fange an zu schwitzen. Die Vorstellung, Johannes könnte mal als Lehrer vor einer Klasse stehen, lässt mich unruhig werden, und ich fühle mich verpflichtet, seiner Mutter zu erklären, dass ich das für einen sehr gewagten Plan halte.

Johannes ist ungeeignet. Kognitiv, emotional und vor allem sozial. Leider ist er faul und sogar verschlagen, er drückt sich, wo er kann, sucht immer den Weg des geringsten Widerstandes und schreckt nicht davor zurück, andere für seinen Vorteil in Misskredit zu bringen. Und niemals würde ich wollen, dass er irgendwann mal Kinder unterrichtet.

Das alles sage ich leider nicht. In Wahrheit bin ich einigermaßen versteinert und muss mich sammeln, zu mehr als einem Pokerface bin ich nicht fähig. Muss mir was überlegen.

Als Nächstes sind die Eltern von Jannis dran, die kommen viel zu spät, und noch bevor wir uns über ihren Sohn unterhalten, fangen sie an zu streiten. Sie sind offenbar getrennt, das wusste ich noch nicht. Wenn nicht, sind sie es sicher bald. Aber so was fragt man natürlich nicht, und Empfehlungen in diese Richtung sind aus guten Gründen unüblich. Ich komme jedenfalls kaum dazwischen, während sich die beiden gegenseitig Vorwürfe machen. Das ist neu, oder ich habe es nie mitbekommen, weil immer nur die Mutter beim Sprechtag war.

Jannis war mal gut, ist mittlerweile aber ein sehr mittelmäßiger Schüler, in den Nebenfächern zumindest, über die Hauptfächer traue ich mich kaum zu reden, das wäre der Stimmung hier nicht zuträglich. Deshalb rede ich jetzt nur über meine Fächer und tue so, als könnte ich zu den anderen nichts sagen. Das ist nicht feige, das ist vernünftig, denn beide sind ungewöhnlich gereizt. Während sie jetzt also hier sitzen und streiten, wird mir klar, warum sich Jannis in den letzten Monaten so verschlechtert hat. Ist ja nicht auszuhalten mit den Eltern.

Im Kern geht es darum, wer für Jannis' mangelnde Leistungsbereitschaft verantwortlich ist. Ich werde ins Gespräch nicht einbezogen, höre aber – gezwungenermaßen – gut zu. Trotzdem ist mir das alles unangenehm, und ich erwische mich dabei, wie ich ab und zu unwillkürlich Beschwichtigendes einwerfe. Die beiden ignorieren mich aber weitestgehend. Er wirft ihr vor, Jannis alles zu erlauben: »Das Wort NEIN kennst du einfach nicht!« Sie wirft ihm vor, ihren Sohn sich nicht frei entfalten zu lassen: »Freiheit ist doch das Wichtigste!« Verächtliches Schnaufen bei ihm. Entlang dieser Linien zählen sie sich gegenseitig die vermeintlichen Verfehlungen und Erziehungsfehler des jeweils anderen aus den letzten Jahren auf. Da kommt ganz schön viel zusammen.

Seinen Angaben zufolge hat sie ihrem Sohn nie Grenzen aufgezeigt, schon als Kind im Kindergarten habe sie es nicht über ihr viel zu weiches Herz gebracht, ihm Süßigkeiten zu verwehren. Jannis habe so viel essen dürfen, wie er wollte, klar sei der Speck zu der Zeit süß gewesen, aber spätestens in der Grundschule habe er Jannis zu schaffen gemacht. Aus dieser Zeit stamme sein schlechtes Körper- und daraus resultierend sein noch schlechteres Selbstwertgefühl. Wenn Jannis was wollte, habe er es bekommen, unzählige Streitereien habe es bezüglich Spontangeschenken und Fernsehkonsum gegeben. Er, der Vater, habe aus beruflichen Gründen immer sehr viel Zeit im Iran verbracht, und immer wenn er zurückkam, habe ihm seine Frau gebeichtet, dem Sohn dieses und jenes gekauft zu haben. Das mit dem Fernsehen habe sie ihm verschwiegen, aber Jannis selbst habe sich immer verplappert. Bis in die Nacht habe er gucken dürfen, und zwar alles, was er wollte, und das als Grundschulkind. Es folgen weitere Episoden, die ab und zu von den ihrigen unterbrochen werden.

Er, sagt sie, sei tatsächlich selten zu Hause gewesen und habe sich, da könne sie nicht widersprechen, dann viel um Jannis gekümmert. Nur eben ganz anders, als sie es sich gewünscht hat. An den Wochenenden habe Jannis mit ihm um sieben Uhr früh aufstehen müssen, und dann seien sie laufen gegangen, und zwar bei Wind und Wetter und immer nach der doch ziemlich willkürlichen Maßgabe, einen Kilometer für jedes Lebensjahr. Mit sechs Jahren habe das angefangen, da habe Jannis die sechs Kilometer nicht geschafft, nur viel geweint. Kein Wunder, ich solle mir diesen Irrsinn mal vorstellen, und mir dazu mal Jannis' physische Konstitution vor Augen halten. Das sei doch unverantwortlich. Und je mehr er den Sohn getriezt habe, desto stärker sei das Bedürfnis geworden, ihn zu verwöhnen, ein Teufelskreis, gewiss, aber das könne man ihr doch nicht übel nehmen.

Ihr Mann sei schon immer von Ehrgeiz zerfressen gewesen, beruflich, Karriere, man kennt das. Das habe sich aber eben immer schon auch auf sein Privatleben erstreckt. Wie ein Wahnsinniger habe er für diverse Marathonläufe trainiert. Anfangs fand sie das auch noch beeindruckend. Aber als sie merkte, dass er Jannis da mit reinziehen wollte, habe sie gewusst, dass sie sich das nicht tatenlos ansehen kann. Gegenhalten sei seit der Grundschule ihre Devise.

Ja gut, was soll ich sagen, das klingt so, als könnte das alles gar nicht funktionieren.

Ich mache ein paar Standard-Vorschläge zu intrinsischer

Motivation, dem Weiten von Horizonten durch das Schaffen von Angeboten, also alles unkonkrete und nur mittelseriöse Taschenspielertricks aus dem Pädagogen-Handbuch. Tue aber so, als könnte ich mir da ein paar superkonkrete Sachen vorstellen. Fast ausschließlich ausgedachter Quatsch, aber nach Strohhalmen greifen Eltern ja gern, wenn sie Hoffnung versprechen. Eigentlich schade, wie wenige nach Konkretisierung fragen oder gar verlangen. Und ich hoffe natürlich auch gern. Vor allem hoffe ich jetzt, dass sie und er sich bitte nicht mehr so vor mir streiten, denn das ist mir wirklich unangenehm.

Wenig später sitzt Herr Thoma vor mir. Warum kommt der eigentlich zu jedem Elternsprechtag? Bei Sophia läuft doch alles rund, also in der Schule zumindest. Zu Hause bin ich mir da nicht so sicher, kenne schließlich ihren Vater. Wie immer signalisiert er mir heute durch allerlei Nachfragen, dass er sich bis in die kleinsten Verästelungen des Lehrplans auskennt. Fast habe ich den Eindruck, er habe sich minutiös vorbereitet, um mir Fangfragen zu stellen. Ich will gar nicht wissen, wie er sich verhalten würde, wenn seine Tochter nicht so gut in der Schule wäre, der fühlt sich irgendwie gefährlich an.

Irgendwann im Laufe des Gesprächs fragt er mich direkt, was Sophia zur Eins fehle, und fast im selben Atemzug, meine Antwort scheint ihn nicht zu interessieren, fordert er mich auf, ihr die Eins zu geben. Ich ignoriere diplomatisch seine Forderung, referiere über den Unterschied zwischen Eins und Zwei und erkläre, dass Sophia ihre Zwei verdient. Nach einigem Hin und Her, die Stimmung ist frostig, verabschiedet er sich endlich. Als er an der Tür ist, dreht er sich noch mal um, schaut mich eindringlich an und sagt, ich solle es mir noch mal überlegen. Außerdem wisse er, dass ich im Treppenhaus fragwürdige Lieder singe. Dann ist er weg. Das kommt so unvermittelt und zusammenhanglos, dass ich mich frage, was zum Teufel denn hier los ist. Glaubt er etwa, etwas gegen mich in der Hand zu haben und mich deshalb unter Druck setzen zu können? Weil ich gesungen habe? Das ist so grotesk, dass ich anfange zu lachen. Gleichzeitig fühlt es sich aber auch ein bisschen unheimlich an. Wozu ist der fähig, wenn er tatsächlich auf solche irren Möchtegern-Mafia-Spielchen setzt?

Weiter geht's. Zwei Eltern, die sich nicht angemeldet haben und die ich nicht kenne, treten ein, und weil sie beide die gleiche Frisur (lange schwarze Locken) und die gleiche Kleidung (schwarze Lederweste über Wacken-T-Shirt) tragen, bin ich mal gespannt, wer die sind. Als sie sich vorstellen, beide im breitesten Hessisch, ist mir klar, dass ich jetzt endlich mal die Eltern von Tobias kennenlerne. Tobias geht in die 7a und spricht zwar hochdeutsch, aber die familiären Wurzeln sind nicht zu überhören. Nach dem üblichen Austausch über den Leistungsstand sagt der Vater, es gebe noch etwas, was ihnen auf dem Herzen läge. Ihr Sohn erzähle zu Hause, er würde wegen seines Dialekts gehänselt. Ob ich das auch schon beobachtet hätte. Damit hätten sie nach ihrem Umzug nach Berlin nicht gerechnet, und in der Klasse seien ja auch Kinder aus immerhin fünf Nationen, nicht alle sprächen astreines Hochdeutsch, gehänselt werde aber nur ihr Junge. Wie das denn sein könne.

Ich hätte Antworten auf diese Frage, aber wie sagt man Eltern Dinge, die Eltern lieber nicht hören? Tobias lispelt, als wäre seine Zunge zwischen den Lippen angewachsen, und zusammen mit dem hessischen Dialekt und seiner liebenswert tollpatschigen Art wirkt das – nicht nur auf Mitschüler – sehr niedlich und gleichzeitig irre komisch.

Ich schaffe es nicht, den Eltern zu sagen, was ich denke, das tut mir leid, sie verlassen mich so ratlos wie zuvor. Ihr Sohn ist so offensichtlich niedlich, und die Kombination aus Lispeln und Dialekt so auffällig, dass ich mich wundere, wie ihnen das nicht bewusst sein kann. Elterliche Verblendung hin oder her, aber Peter Altmaiers Eltern wird doch auch früh klar gewesen sein, dass ihr Sohn mit einem gesunden Appetit gesegnet ist.

Laut Plan muss ich noch eine halbe Stunde bleiben, obwohl ich keine Termine mehr habe. Ich bin müde und hoffe, dass niemand mehr kommt, und als es dann klopft, finde ich das zunächst gar nicht gut. Aber als ich sehe, wer da eintritt, bin ich sofort hellwach, gut gelaunt und voll motiviert. Jonathans Eltern lächeln mich an und fragen, ob sie spontan reinschneien dürfen, und ich ahne: Ich komme heute spät nach Hause, und darüber freue ich mich.

Wir reden ein bisschen über Jonathans Leistungen, der

kommt locker mit, ja, und ist auch voll integriert, ja, und er sieht das auch so, schön. Und dann tauschen wir vor allem Anekdoten aus. Sie erzählen, was Jonathan so über die Lehrerschaft erzählt, und das ist ja immer interessant, wenn Eltern erzählen, wovon Kollegen im Unterricht so sprechen, wo sie sich augenscheinlich unbeobachtet fühlen. Zumindest von den Augen und Ohren der Kollegen. Manchen wünsche ich mehr Vorsicht, und Herrn Schurmeister wünsche ich mehr Weitsicht. Offenbar verbreitet sich gerade ein heikles Gerücht, weil er praktisch jede Stunde mitten im Unterricht den Raum verlässt und dann immer sagt, er müsse nur mal kurz »zum Kopieren« raus. So geht das angeblich jedes Mal, und besonders auffällig ist, dass er niemals Kopien dabeihat, wenn er wiederkommt. Deshalb geht die Schülerschaft davon aus, dass er sich mit einem Flachmann zurückzieht. *Zum Kopieren* sei deshalb längst ein geflügeltes Wort für Saufen. Neuerdings sagen manche auch »Schurmeistern«. So entstehen Gerüchte, auch wenn es nicht ganz fair ist, schließlich bin ich mir sicher, dass er nicht trinkt, sondern raucht.

Diese und weitere Informationen über Kollegen sind also ein bisschen so wie Stille Post, aber weil Jonathans Eltern nicht lästern, höchstens dezente Anspielungen machen und Sohn und Eltern gute und wohlwollende Beobachter zu sein scheinen, ist das alles gar nicht unangenehm und wirklich interessant.

Die Art und Weise, wie die beiden ihre Eindrücke schildern und wie überhaupt das ganze Gespräch abläuft, zeigt mir wieder, warum ich die beiden so mag. Wir ticken einfach ganz ähnlich. Und mir wird mal wieder klar, dass einem oft die Menschen sympathisch sind, mit denen man sich versteht, ohne dass alles ausgesprochen werden muss. Wissendes Nicken und Augenbrauenhochziehen an den richtigen Stellen kann ungemein verbinden. Als hätte man gerade in Gedanken zusammen Pferde gestohlen. Und als würde man sich ewig kennen.

Bald trägt uns der Gesprächsfluss fort. Wir erzählen uns aus unseren Leben, landen bei Damals-im-Ferienlager-Geschichten und stellen fest, dass wir alle mal Phasen hatten, in denen es fast ein Hobby war, fremde Menschen kennenzulernen.

Zweieinhalb Stunden später, es ist schon lange dunkel, verlassen wir Raum und Schulgebäude und es stellt sich raus, dass wir auch noch im gleichen Kiez wohnen. Zweimal schon ist Jonathans Vater ins Duzen gerutscht, ich schaffe es noch, mich zu beherrschen, es ist aber wirklich schwierig. Vorsicht, Freundschaftsfalle.

$$a^2 + b^2 = c^2$$

FAKE NEWS

Jetzt ist Klassenkonferenz, hatte ich lange nicht mehr. Es geht um Carl. Der sitzt mit hängenden Schultern da und gibt einsilbig alles zu. Seine Eltern sind anwesend und finden auch, dass er natürlich die Konsequenzen für sein Handeln tragen muss. Auch wenn er in einer schwierigen Phase stecke und die Pubertät ihm zu schaffen mache. Aber damit dürften wir uns ja auskennen. Tun wir.

Alle Kollegen schildern, wie sie ihn im Unterricht erleben, früher super, dann gar nicht mehr, jetzt anstrengend. Das wird ordentlich ausgewalzt, und Frau Pfaif-Böring doziert über das Instrumentarium, das der Schule zur Verfügung steht, und liest die entsprechenden Paragraphen zu Erziehungs- und Ordnungsmaßnahmen aus dem Schulgesetz vor. Sie macht außerdem klar, der Schule sei es ernst, und sie lasse sich keinesfalls auf der Nase herumtanzen. Er müsse aufpassen, bei nächster Gelegenheit würden Maßnahmen greifen, das heißt, auch die Option eines Schulverweises stehe dann im Raum.

Ihre Ausführungen sind umständlich und langatmig, aber währenddessen beobachte ich, wie Carl und sein Vater mehrmals Augenkontakt suchen und halten. Ich mag mich irren, und es klingt vielleicht pathetisch, aber mir scheint, als vergewisserten sie sich mit diesen Blicken ihrer unerschütterlichen Vater-Sohn-Verbundenheit. Mir wird fast warm ums Herz. Beinahe bilde ich mir ein, hören zu können, wie der Vater dem Sohn sagt: »Junge, Junge, wo sind wir hier denn reingeraten, machste nicht noch mal, ja? Ich mein, ein bisschen lustig war die Aktion ja, mutig außerdem, aber geht halt nicht. Aber wann, wenn nicht in deinem Alter, macht man so was? Schwamm drüber, wir stehen hinter dir, egal was passiert.«

Herr Dr. Wohlert verirrt sich selten ins Lehrerzimmer, kein Wunder, er hat ein eigenes Büro, und das hat alles, was das Lehrerzimmer nicht hat. Vor allem Ruhe und Ordnung. Gut, dafür haben wir einen Kühlschrank und den besseren Blick auf die alten Schulhof-Buchen. Außerdem ist man hier nie allein. Sei mal dahingestellt, ob Letzteres ein Vor- oder Nachteil ist.

Heute ist er jedenfalls doch mal hier, steht am schwarzen Brett und schaut sich an, was da so hängt. Ich sehe nur seinen Hinterkopf, bin mir aber trotzdem sicher, dass er schmunzelt. Das geht eigentlich gar nicht anders. Schwarze Bretter in Lehrerzimmern sind nun mal ein gesellschaftliches Ereignis und gleichzeitig die Karikatur eines solchen. Könnte sein, dass sie irgendwann zum Mythos werden. Man kann sagen, hier entfaltet sich so etwas wie ein Gesellschaftspanorama. Das betrifft sowohl Form als auch Inhalt: Hier trifft pedantischer Ordnungssinn auf chaotische Zettelwirtschaft, hier hängen neue Vorschriften zu wirklich allem, Geburtsanzeigen, Terminpläne, Informationen zur Gesamtbehindertenvertretung und wütende Beschwerden, weil sich niemand um den Papierstau im Kopierer kümmert. Es ist unmöglich, hier den Überblick zu behalten. Kein Wunder also, dass bei uns immer wieder Lehrer vor schwarzen Brettern zanken, wirklich wahr, und wenn man googelt, stößt man auf Foren, in denen sie weiterstreiten. Meist geht es um Ordnungsprinzipien, das ist offenbar ein heißes Eisen.

Nun ja. Als Dr. Wohlert mich sieht, bittet er mich, später mal in seinem Büro vorbeizuschauen, es stehe der Vorwurf im Raum, ich hätte *Fake News* verbreitet. Was soll das denn heißen? Weil er vollkommen entspannt wirkt und ich eigentlich keine *Fake News* verbreite, mache ich mir erst mal keine Sorgen. Ich weiß zwar nicht, worum es gehen könnte, ahne aber, wer dahintersteckt. Kann ja fast nur mein Dauerstänkerer Herr Thoma sein. Es stellt sich dann aber heraus, dass der Vorwurf, der mir gemacht wird, so falsch nicht ist – und natürlich stammt er tatsächlich von Sophias Vater. Allmählich wird es langweilig, das muss ich ihm mal sagen.

Als Einstieg für eine Unterrichtsreihe zum Thema Syrischer Bürgerkrieg hatte ich eine Reportage ausgesucht, die meine Klasse als Hausaufgabe lesen sollte. In dem Text »Königskinder«, der großartig geschrieben ist und deshalb die Schüler regelrecht ins Thema gesogen hat, wird beschrieben, wie ein kleiner syrischer Junge denkt, beim Spielen aus Versehen den Bürgerkrieg ausgelöst zu haben. Der Haken: Die Reportage stammt von Claas Relotius und ist frei erfunden. Das könne zwar passieren, heißt es in der Thomaschen Mail, schließlich sei zum Zeitpunkt der Nutzung des Textes für den Unterricht noch nicht klar gewesen, dass es sich um eine ausgedachte Geschichte handelte, inakzeptabel sei aber der Umstand, dass ich nicht unverzüglich nach Enttarnung des Autors vor der Klasse Stellung bezogen und den Sachverhalt aufgeklärt hätte.

Dr. Wohlert ist die Sache herzlich egal, der ist ja nicht blöd und will mich nur über diese Mail informieren. Gemeinsam sprechen wir aber noch kurz darüber, warum Thoma ihm und nicht mir schreibt. Ich kann ja verstehen, dass er, der meinen Unterricht genau unter die Lupe zu nehmen scheint, sich ärgert und seinem Groll Ausdruck verleihen möchte, aber irgendwie scheint das etwas Persönliches zu sein. Ich stelle mir sein triumphierendes Gesicht vor, als er herausfand, dass ich einen Relotius-Text in meinem Unterricht genutzt habe. Ich kann also verstehen, dass Wohlert mich fragt, wo die Ursache für unser schwieriges Verhältnis liegt. Ich habe keine Ahnung und mache mir Gedanken.

Der Relotius-Skandal ist ja sozusagen das Hitler-Tagebuch des *Spiegels*, und ich frage mich, ob man in deren Verlagshaus trotz aller echten und begrüßenswerten Aufklärungsbemühungen eine Ahnung hat, was die ganze Geschichte an Schulen angerichtet hat. Auch wenn sowas die meisten jungen Menschen eher nicht interessiert, ist es mir schon zwei Mal passiert, dass Schüler, die es mit Fakten nicht so genau nahmen, auf den *Spiegel* verwiesen. Sowas passiere doch sogar bei »echten Zeitungen«! Selbst ein Kollege ließ neulich großspurig verlauten, die Presse sei nicht besser als früher das *Neue Deutschland*, reine Propaganda. Der Mann ist Lehrer und schafft es, Einzelfälle mit der staatlichen Propagandamaschine einer Diktatur gleichzusetzen. Traue mich gar nicht, ihn zur Mondlandung zu befragen.

Meine Klasse erzählt aus dem Musikunterricht. Herr Oberheide habe mit ihnen in den letzten Jahren immer komische alte Lieder gesungen, das machen die anderen Musiklehrer nicht. Also Musik sei schon ein super Fach, Instrumente spielen auch, und Singen im Prinzip ja auch, aber mit der Klasse? »Peinlich« sagen die einen, »schwierig« die anderen. Und dann sind es bei Oberheide immer so alte Sachen. *Alles schweiget* zum Beispiel, ob ich das kenne? Und wie ich das kenne! Oder *Kein schöner Land in dieser Zeit*? Zugegebenermaßen ganz schöne Lieder irgendwie, sagt meine Klasse, aber halt Singen mit der Klasse und halt alt.

Jetzt sei da aber Referendarin Hanna Ansolner, die sei ja wohl mal übernice, und die hätte Oberheide zu dem Projekt »Alt vs. new« überredet. In Gruppen haben sie nun die Aufgabe, moderne Texte auf alte Melodien zu montieren, oder andersrum, die alten Texte zu neuen Melodien zu singen. Drake trifft Hoffmann von Fallersleben, Fynn Kliemann (also der ist auch echt überall) trifft Johann Sebastian Bach, Mark Foster trifft Paul Gerhardt. Kann schon sein, dass das in die Hose gehen wird, aber allein die Idee finde ich großartig. Nihilistischer Gangsterhabitus trifft unschuldigste Arglosigkeit, gottesfürchtige und biedere Fröhlichkeit trifft modernen

Kitsch. Das Ganze soll dann auf dem Schulhof als Flashmob vorgeführt werden. Bin schon gespannt. Frischer Referendarswind tut jeder Schule gut.

Davon abgesehen kann ich sehr gut verstehen, wenn die Schüler mit Paul Gerhardt nicht so viel anfangen können. Allerdings bin ich immer wieder irritiert, dass die Schüler überhaupt keinen Bezug zur Musikgeschichte der letzten Jahrzehnte haben. Als ich mal versuchte, mithilfe von YouTube Parallelen zwischen Beatles, Bowie, Blur und Lady Gaga aufzuzeigen, haben die meisten mich angeguckt, als redete ich von Paul Gerhardt. Zu. Weit. Weg. Dabei waren das ja alles Mainstream-Protagonisten.

Weit weg ist für die meisten in meiner Klasse auch alles, was sich jenseits von Pop und Hip Hop tut. Dabei gehört ja zur Adoleszenz eigentlich das systematische Hinterfragen aller vermeintlichen Gewissheiten – und das müsste doch eigentlich auch die vorgekauten Mainstream-Playlisten der gängigen Streaming-Dienste betreffen. Ich probiere mal folgende These: Erst wenn junge Menschen sich vom Vorkuratierten lösen, sind sie erwachsen.

Wenn ich damit konfrontiert werde, als Lehrer nur vormittags zu arbeiten (das ist falsch) und obendrein unheimlich viel Urlaub beziehungsweise Ferien zu haben (das ist richtig), dann lässt mich das ziemlich kalt. Ist ja gut nachvollziehbar, dass Leute so was denken, wenn sie nicht im System drinstecken. Und ich finde es grundsätzlich tatsächlich sehr schön, dass ich mir die Zeit für Unterrichtsvorbereitung, Korrekturen und manch andere Verpflichtungen wunderbar frei einteilen kann. Das ist einer der großen Vorzüge in diesem Beruf, ich kann nicht klagen.

Als ein Vater mir jedoch neulich unterstellte, wir würden vormittags ja immer nur 45 Minuten am Stück arbeiten, weil wir ständig Pausen hätten, war ich doch verblüfft. So was gebe es in der freien Wirtschaft nicht. Leider war ich zu überrascht, um vernünftig zu antworten, jetzt aber fällt es mir wieder ein, weil ich gerade so eine Pause habe. Und die würde ich nicht als Pause im engeren Sinne bezeichnen.

Eigentlich bin ich nämlich auf dem Schulhof bei den Buchen mit Carl verabredet, um noch mal unter vier Augen über die Klassenkonferenz zu sprechen. Ich komme aber kaum aus dem Lehrerzimmer, es gibt kein Durchkommen. Zu viele Kollegen mit zu vielen Anliegen stehen zwischen mir und der Tür, und es prasselt nur so auf mich ein: »Warum hast du denn gestern nichts ins Klassenbuch der 7a eingetragen?«, »Weißt du, wo die Entschuldigung für Ben ist? Hat er angeblich dir gegeben«, »Können wir kurz über Sebastian reden?«, »Der Kopierer ist defekt, warst du da nicht heute Morgen dran?«, »Was ist denn bitte mit deinem Carl los?«, »Kannst du das hier nachher der 9c geben?«, »Peter wird bald 60, gibst du auch was?«, »Weißt du, wohin ich meine Brille gelegt habe? Herrje, meine Augen werden schlechter, und das linke zwiebelt heute so unangenehm, hast du das auch manchmal?«, »Dombrowski irgendwo gesehen? Nie da, wenn man ihn braucht!«.

Und auch als ich es aus dem Lehrerzimmer raus geschafft

habe, wird es kaum besser: »Können Sie mir das von vorhin noch mal erklären?«, »Meine Mutter hätte gerne einen Termin für nächste Woche«, »Können wir am Wandertag nicht Sport machen statt Gedenkstätte?«, »Wann genau schreiben wir den Test?«, »Können Sie mal einen Besen holen?«, »Haben Sie die Klausuren morgen echt fertig?«, »Ich hab meine Mütze verloren. Können Sie mir helfen? Ich krieg krassen Ärger, wenn die weg ist!«, »Mir ist schlecht! Ich glaube, ich muss spucken, ich will nach Hause!« (Geht da gerade was rum?), »Können Sie kurz den Raum aufschließen?«, »Wann ist noch mal die Elternversammlung? Hat meine Mutter vergessen«, »Der hat mich schon wieder getreten!«.

Kurzum: Pausen sind reine Stresskatalysatoren und ein Fass ohne Boden. Es sind meist die kleinen Dinge und derer zu viele, die meinen Kopf zum Glühen bringen. Und ich bin nicht gut im Abwiegeln.

Als ich endlich auf dem Schulhof bei Carl ankomme, klingelt es, die Pause ist vorbei, und Carl fragt grinsend: »Klassenkonferenzen für hart verspätete Lehrer gibt es wahrscheinlich nicht, oder?«

Mobbing ist eine unschöne Angelegenheit und trotzdem ganz alltäglich. Auch Schüler, denen man nicht zugetraut hätte, andere auszugrenzen, tun dies in den jüngeren Klassen am laufenden Band. In der Ausgrenzung liegt meistens zweierlei. Zunächst einmal kommen junge Menschen nach Beobachtung zu der Erkenntnis, man unterscheide sich grundlegend voneinander. Etwa durch den Umstand, zu einem anderen Geschlecht zu gehören oder Anhänger eines anderen Fußball-Vereins zu sein. Danach folgt die vermeintlich logische Konsequenz des Sich-Distanzierens. Das kann dann mitunter so demonstrativ sein, dass das für den Gescholtenen unangenehm werden kann: »WIE UM ALLES IN DER WELT KANNST DU NUR BAYERN-FAN SEIN!?« Unterschiede stehen lassen, können sie nicht so gut, ständig werten sie, und oft werten sie ab.

Das alles ist viel normaler, als viele Erwachsene verstehen. So verhalten sich junge Menschen, die sich noch lange nicht selbst gefunden haben und dabei sind, sich in sozialen Gefügen einzurichten. Dazu müssen sie sich andauernd ihrer eigenen Positionen und damit ihrer selbst vergewissern, so geht Persönlichkeitsentwicklung nun mal. Problematisch wird es erst, wenn sie im Sich-Distanzieren unfair spielen und, bewusst oder unbewusst, andere verletzen. Und auch wenn das dann oftmals hart ist, gehört das, leider, zum schmerzhaften Prozess des Aufwachsens dazu.

Deshalb ist es auch schwierig, wenn Lehrer gleich mit dem Zeigefinger wackeln und den Begriff Mobbing inflationär verwenden. Das geht am Thema vorbei und ist nicht sinnvoll. Schüler reagieren auf moralische Empörung selten so, wie es von ihnen erwartet wird. Statt sie zu überzeugen, signalisiert man ihnen, auf der falschen Seite zu stehen, als wären sie mit dem Teufel im Bunde.

Wenn also Michel aus der 6c lautstark protestiert, er wolle auf keinen Fall neben Tim sitzen, dann hilft es nicht, ihn sofort als Mobber zu bezeichnen. Klüger wäre es, man ordnete das Verhalten als das ein, was es ist: bedauerlich, aber normal. Und dann bitte Michel ordentlich den Kopf waschen mit viel Reden und Erklären, und dann aber Schwamm drüber. Oft läuft es aber anders. Michel wird nach wenigen ähnlichen Vorfällen Thema im Lehrerzimmer, Frau Hülsmann kommt immer und immer wieder auf echte und vermeintliche Verfehlungen zurück und reibt sie ihm und allen anderen unter die Nase. Während sich die Idee der Resozialisierung ja nicht nur im Strafvollzug durchgesetzt hat, kommt die bei vielen Kollegen nicht an. In der Schule gilt eine Schuld nicht so schnell als abgegolten. Das ist ein bisschen absurd, denn gerade bei Schülern, zu deren Jungsein es ja ganz unbedingt dazugehört, Quatsch zu machen, und die sich ja wirklich ständig verändern und entwickeln, sind manche Lehrer kindisch nachtragend, weil angeblich mal gemobbt wurde.

Gefährlicher noch als die Stigmatisierung ist nur noch Ignorieren, das passiert schlimmerweise wirklich. Es gibt desinteressierte und unsensible Lehrer, das ist leider wahr. Lehrer kann ja praktisch jeder werden.

Lange Rede, kurzer Sinn: Ich glaube an das Gute im Michel. Ganz im Gegensatz zu seiner Klassenlehrerin Frau Hülsmann, wie mir gerade klar wird. Denn sie feuert jetzt einen Vorwurf nach dem anderen gegen den kleinen Michel ab. Um sie herum stehen ein paar Kollegen, die ihr weder zustimmen noch sich zu wundern scheinen. Ich habe keine Lust, mich dazuzustellen, weghören schaffe ich aber leider auch nicht. Und jetzt zählt sie allerlei Fehltritte auf, die Michel sich angeblich geleistet hat. Es ist alles einigermaßen albern, sie hat sich da irgendwie reingesteigert, aber unterm Strich steht für sie: Michel mobbt. Mobbing gehe gar nicht und sei echt das Letzte.

Ich bringe diese harmlosen Vorfälle nicht mit ihrem Rumpelstilzchengepolter zusammen. Doch dann dämmert mir, was hier los ist. Ein Motiv tritt in ihren anklagenden Berichten gehäuft auf. Michel hat nicht nur zwei linke Hände, offenbar mag er auch das Fach Kunst nicht und nimmt es nicht ernst. Da dürfte der Hase im Pfeffer liegen. Bei der Analyse von Casper-David-Friedrich-Bildern habe er behauptet, seine Schwester, vierzehn Jahre alt, könne ebenso gut malen, Natur sei aber voll langweilig, und wozu sei Kunst überhaupt gut. Sei nur was für Kindergartenkinder, da mache er nicht mit. Er habe außerdem – wie ein Grundschulkind! – Gegenstände seiner Mitschüler unter deren Tischplatte geklebt und das Spiel »Ich sehe was, was du nicht siehst« daraufhin in abgewandelter Form gespielt. Und neulich habe er Farben vertauscht – Rot steckte plötzlich in der blauen Tube, Tims Himmel sei deshalb rot statt blau geworden, und Tim wurde dann auch rot. Zornesrot, mal wieder. Und dann habe Michel sie außerdem gefragt, wie man bloß freiwillig Kunstlehrerin werden könne.

Ist das Mobbing? Unreif, klar, und unverschämt vielleicht, von mir aus. Was ich eben noch für Kinderkram hielt, entfaltet jetzt seine toxische Wirkung, denn wenn es um Kunst geht, hören Spaß und Unschuld für Frau Hülsmann auf.

Und jetzt sagt sie in ihrer Rage zweifelhafte Dinge: Michel

sei eigentlich längst nicht so schlau, wie er meine, und sie werde ihm schon die Flügel stutzen. Und weil sie das so gespenstisch gehässig sagt, bin ich kurz davor, sie zu fragen, ob es eventuell sein könne, dass sie plane, Michel zu mobben. Mobbing geht gar nicht und ist echt das Letzte.

KARMA

Große Pause, es regnet. Ich muss trotzdem raus, denn im Regen, vor der Schule, steht Herr Schurmeister und raucht. Mit dem muss ich jetzt was besprechen. Kollegin Wachtel wird bald sechzig, und ich wurde beauftragt zu sammeln. Frau Pfaif-Böhring hat mich darum gebeten, und immer, wenn sie einen um so etwas bittet, schaut sie, als erwartete sie Dank, weil sie einem eine so verantwortungsvolle Aufgabe anvertraut. Ich laufe also nun ständig mit Liste zum Abhaken und Beitrag notieren durchs Kollegium und frage und trage ein. Weil manche Kollegen davon genervt sind, dass ständig irgendjemand für irgendwen sammelt und alles penibel genau notiert wird, ist das manchmal ein würdeloses Schauspiel.

Nun stehe ich also im Regen vorm rauchenden Kollegen und denke, dass das nicht nur ein nasses, sondern auch ein ziemlich treffendes Bild für die Figur Schurmeister ist. Er raucht hastig und ist sichtbar unruhig, die Haut ist grau, er sieht nicht gut aus. Noch bevor ich erklären kann, warum ich ihn im Regen besuche, erzählt er mir ungefragt, es gehe ihm beschissen. Diese Frau, dieser Job, dieses Leben, das ziehe ihn alles runter. Im Unterricht lasse er mittlerweile nur noch

Gruppenarbeit machen, damit er während des Unterrichts zum Rauchen rausgehen könne. Den Schülern sage er immer, er müsse noch Arbeitsblätter kopieren. Aber wenn das mit ihm so weitergehe, rauche er bald im Unterricht.

Meine Klasse steckt in einer Phase dramatischen Testosteronüberschusses, die Jungen zumindest, Jannis und Carl voneweg. Irgendeinen Quatsch machen die zurzeit immer, so auch heute in der Doppelstunde: Mitte der siebten Stunde starte ich eine PowerPoint-Präsentation, zu der ich was erzähle, dann ist kleine Pause. Ich gehe kurz raus, und als die neue Stunde beginnt und ich mit der Präsentation fortfahren möchte, bemerke ich, dass die Maus am PC fehlt. Und weil für so einen Quatsch eigentlich nur Carl und Jannis in Frage kommen und Carl heute fehlt, frage ich die Klasse nach der Maus und sehe Jannis dabei eindringlich an. Niemand reagiert, und Jannis setzt ein Pokerface auf, also sage ich erst mal nichts weiter, denn PowerPoint funktioniert auch mit Tastatur prima, ich kann das ja nach der Stunde klären. Auf würdeloses Betteln oder Lautwerden habe ich jetzt keine Lust.

Wenig später orchestriere ich gerade Gruppenarbeit. Jannis' Platz ist nun verwaist, auf seinem Tisch erspähe ich einen Schlüsselbund. Was für eine Gelegenheit, denke ich, die kann ich unmöglich ungenutzt lassen. Ich greife also unauffällig zu und lasse ihn in meine Tasche gleiten. Eine halbe Stunde später klingelt es, und ich gehe nach Hause, Maus und Schlüssel sind leider vergessen.

Was soll ich sagen? Jetzt sitze ich hier auf meinem Sofa,

und neben mir liegt ein Schlüsselbund – meiner ist es nicht. Vielleicht frage ich Jannis morgen mal, wie das so ist, wenn man versucht, mit einer Maus die Haustür zu öffnen, und ob wir unsere Fundstücke tauschen wollen. Vorausgesetzt, er war es wirklich. Sonst wird das noch sehr viel peinlicher als ohnehin schon.

Sophia und Eva aus meiner Klasse diskutieren in der Pause. Weil sie vor mir sitzen, komme ich kaum umhin, erst mit einem und dann mit beiden Ohren zuzuhören. Eva hat offenbar ein neues Ziel ausgemacht: Die Nutzung des Begriffs »schwarzfahren« sei strukturelle Gewalt, wenn ich das richtig verstehe. Dagegen müsse man jedenfalls vorgehen, scheiß Nazis und so, klar. Wenn es nach ihr ginge, würde man das Wort *schwarzfahren* aus allen Büchern, Filmen und einfach allem tilgen. Mit Eilers stände sie ja schon auf Kriegsfuß, weil der im Sportunterricht manchmal *Wer hat Angst vorm schwarzen Mann* spielen lasse, obwohl sie ihm schon mehrfach erklärt habe, dass das purer Rassismus sei. Und selbst wenn Eilers recht habe und mit dem schwarzen Mann einst nur der Schornsteinfeger gemeint gewesen sei, dann sei das eben gegen diesen Berufsstand diskriminierend. Als Sophia fragt, ob man nicht einfach das Spiel umbenennen könne, erklärt Eva, genau genommen würden in dem Spiel Menschen gejagt, vollkommenes No-Go. Und Völkerball, lerne ich jetzt, darf man natürlich auch nicht sagen, kapiere Eilers aber auch nicht. Außerdem schieße man da mit Bällen, und irgendwann seien es dann eben nicht mehr nur Bälle. Eigentlich müsse man Sportunterricht aus wirklich sehr vielen Gründen in Gänze verbieten.

Evas Feldzüge gegen unbedarften Sprachgebrauch und Unsensibilitäten aller Art sind berühmt-berüchtigt, ihr Auftritt im Museum, als es um das N-Wort ging – jetzt benutze ich das auch schon so, wie sie es mir eingebläut hat –, ist nur ein Beispiel. Häufig denke ich, sie meint es schon gut, es gibt Dinge, über die ich auch nur den Kopf schütteln kann, ich drehe aber nicht gleich durch. Sie übertreibt in ihrem aus moralischer Empörung gespeisten Tatendrang maßlos, biegt falsch ab und verrennt sich dann. Ja, und dann macht sie anderen das Leben schwer, und wenn sie die Institution Polizei nicht grundsätzlich für einen Unterdrückungsapparat hielte, würde sie diese ständig rufen, denn gegen so was müsse ja mit allen Mitteln vorgegangen werden.

Weil ich diesem Gedanken folge, habe ich jetzt nicht mehr so richtig zugehört, schrecke aber auf, als sie sagt, für die Zukunft sehe sie schwarz. Äh. Moment mal! Ich muss mir auf die Zunge beißen, um nichts zu sagen, aber das übernimmt jetzt sowieso Sophia, die Eva fragt, ob sie gerade echt gesagt habe, sie sehe schwarz. »Schwarz« betont sie dabei sehr laut, die Lautstärke ist aber wahrscheinlich nicht der Grund, warum Eva jetzt wahnsinnig erschrocken guckt.

Heute schreibt mein Grundkurs Klausur, und aus Gründen, die ich irgendwie verpasst habe, schreiben meine Schüler mit zwei anderen Kursen zusammen in der Aula. Die Aufsicht teile ich mir mit Herrn Schurmeister. Wir sitzen vorne an zwei Tischen und nutzen die Zeit zum Zeitunglesen und Korrigieren. Plötzlich höre ich, wie es aus seiner Richtung knistert, und als ich rüberschaue, sehe ich, wie er unterm Tisch versucht, eine Tafel Schokolade zu öffnen. Weil es nicht klappt, aber weiter knistert, wird er fahrig, vielleicht schwitzen auch die Hände, er bekommt die Tafel jedenfalls immer noch nicht auf. Bis eben war ich mir nicht sicher, ob die Schüler in der ersten Reihe die Knisterei auch hören können, jetzt gucken die ersten mit gerunzelter Stirn nach vorne und fragen sich, was da unterm Tisch von Herrn Schurmeister bloß los ist. Dem ist das alles zwar sichtlich unangenehm, gleichzeitig ist er so vertieft in seine nicht gelingen wollende Aufreißerei, dass er die Blicke der Schüler nicht zu bemerken scheint und weiterknistert, jetzt nicht mehr unterm, sondern überm Tisch.

Plötzlich gibt es ein kurzes Puffgeräusch, und ein brauner Brei ergießt sich auf die Klausuren, die vor ihm auf dem Tisch liegen. Kein Wunder, die Aula ist gut geheizt und durch die Anwesenheit so vieler Menschen noch stickiger geworden. Und weil Schurmeister die Tafel minutenlang mit seinen Händen bearbeitet hat, ist die Konsistenz nicht verwunderlich. Schurmeister wirkt wütend, man hört Schnaufer und Unmutsgrunzen. Ganz anders hört sich das in den ersten beiden Reihen an, da wird erst verdruckst, dann herzhaft gelacht.

Theater am Kopiergerät. Weil das Format des Buches, aus dem ich kopieren will, nicht erkannt wird und ich keine Zeit zum Justieren habe, wird auf jedes Blatt nun ein breiter schwarzer

Streifen kopiert. Dabei hat man mir schon an meinem ersten Tag an dieser Schule gesagt, Tonerverschwendung solle tunlichst vermieden werden.

Da kommt Kollegin Pfaif-Böhring herein, ausgerechnet. Erst letzte Woche hat sie mich wegen einer lächerlichen Kleinigkeit getadelt. Ich hatte das Formular über die Fehlzeiten in meiner Klasse für den Senat falsch ausgefüllt. Und wenn es um Statistiken und Formulare geht, hört der Spaß bei ihr auf. Wobei man einwenden könnte: Welcher Spaß? Jedenfalls verstehe ich nicht, warum es immer in einem Ton sein muss, als hätte ich mutwillig irgendwas sabotiert. So auch jetzt wieder. Als sie sieht, was ich am Kopierer veranstalte, zischt sie, und wäre das hier ein Comic, dann wäre jetzt zu sehen, wie Blitze aus ihren Augen schießen. Außerdem wird sie rot, und weil sie groß und dünn ist und noch dazu einen vergilbten Chemielehrerkittel trägt, denke ich kurz: Sie sieht aus wie ein Streichholz. Ich verkneife mir einen Entzündungswitz, aber Frau Pfaif-Böhring kommt mir sowieso zuvor: Sie schimpft, wird laut und nennt meine zugegebenermaßen stümperhafte Kopiererei eine »unerhörte Verschwendung von Steuergeldern«.

Als sie fertig ist, erkläre ich ihr, dass ich für meine Oberstufenkurse eine Menge Texte online zur Verfügung stelle, die die Schüler dann runterladen. Sie könne das ja auch mal ausprobieren. Dadurch spart man neben Zeit vor allem auch Toner, Papier und Strom – unterm Strich also ganz erhebliche Kosten. Außerdem ließe es sich auf diese Weise vermeiden, der Steuergeldverschwendung bezichtigt zu werden, so was sei ja immer sehr unangenehm; nichts zu danken für den Tipp.

Ich rede also einigermaßen blödsinniges Zeug daher, macht aber Spaß, und Kollegin Pfaif-Böhring guckt überrumpelt. Wird sie laut, werd ich halt frech. Dann rauscht sie schnaubend davon und knallt die Tür von außen zu. Und noch während ich überlege, ob ich übertrieben habe und wie ein Friedensangebot aussehen könnte, fängt der Kopierer an zu piepen. Der Toner ist leer. Das ist dann wohl Karma.

BETRUNKEN

Weil ich was am Smartboard, einer Art digitaler Tafel, ausprobieren will, komme ich heute schon eine halbe Stunde vor
Schulstart in den Raum meiner Klasse. Da sind schon verdächtig viele Schüler, sie essen Schokoküsse, denn Carl hat
Geburtstag. Erst halte ich das für keine gute Idee und dann
für eine richtig schlechte. Denn nach einer Weile bewerfen
sich Carl und Jannis, das war ja klar. Die Dinger fliegen ziemlich gut, die beiden johlen, lachen und gehen in Deckung.
Alle anderen auch. Als ich um Disziplin bitte, schon allein,
weil ich keine Lust habe, mich später um den Schokozucker-
matsch zu kümmern, ruft Carl, es handle sich doch nur um
»Negerküsse«, sind doch keine Steine. Er grinst dabei, und
Eva sieht schlagartig sehr böse aus. Und natürlich erwartet
er, dass ich jetzt erkläre, warum »Negerkuss« ein Begriff ist,
der …

Mache ich aber nicht. Den lasse ich besser ins Leere laufen.
Sein offenkundiges Adrenalin-Problem ist trotzdem anstrengend. Zappelcarl.

Dann holt er plötzlich ein Tütchen mit Ahoj-Brause raus,
legt sich irritierend routiniert zwei Linien, und bevor ich

reagieren kann, sagt er: »Gucken Sie mal, Berghainlinien!«
Dann zieht er sich das Pulver durch einen zusammengerollten Zehn-Euro-Schein in die Nase. Grinsend bietet er mir den
Schein an, mit dem er da hantiert, und fragt, ob ich die zweite
Linie will. Ich lehne verdattert ab und stelle fest: Carl hat also
neben seinem Adrenalin- und Karla- offenbar auch ein Ahoj-
Brause-Problem.

ARBEIT NERFT. Neues Graffiti, neues Geraune, neuer Zorn.
Oha, schon wieder, sagen alle, und am Fenstertisch fragt Herr
Schurmeister, ob es nicht an der Zeit sei, die Polizei einzu-
schalten. Das müssten wir jetzt mal in Erwägung ziehen und
es der Schülerschaft ankündigen. Abschreckung habe doch
vor Jahren auch funktioniert, als sein Fahrradhelm am hell-
lichten Tag im Schulgebäude abhandengekommen sei. Ich
hoffe, dieser Glaube an Abschreckungslogik lässt keine Rück-
schlüsse auf den Unterricht des Kollegen zu. Aber noch bevor
ich das weiterdenken kann, merke ich, dass überall um mich
herum Zustimmung signalisiert wird. Nur Frau Frevert sagt,
man solle mal schön auf dem Teppich bleiben. Mit Polizei
gegen Schüler, mit Kanonen auf Spatzen. Irgendwer fragt, was
das denn überhaupt schon wieder für eine Botschaft sei, und
im Stimmengewirr höre ich den Kollegen Crust, der einen
Gag probiert und fragt, ob »Arbeit nervt« nicht der Refrain
der italienischen Nationalhymne sei. Es sei ihm zugestanden,
dass das selbstironisch gemeint ist. Er macht ja keinen Hehl
daraus, dass Arbeit nicht sehr weit oben auf seiner Prioritä-
tenliste steht. Ist trotzdem nicht lustig, und wenn man auf sei-

ner Seite steht, wäre ihm zu wünschen, dass er solche Witze nicht vor den Schülern macht, das könnte sehr schnell sehr unangenehm werden.

Referendarin Hanna wirft ein, »Arbeit nervt«, so habe mal ein Lied von der Band Deichkind geheißen, diesen Hedonismus-Aposteln, falls jemand die noch kenne. Gibt's die eigentlich noch? Auch wenn ich eigentlich ein neugieriger Mensch bin, halte ich die Kommentare jetzt und hier nicht für zielführend und gehe in meine Klasse.

Als ich den Raum betrete, kommt Jannis sofort zu mir, feixt rum und fragt mich herausfordernd, ob ich dieses Mal nicht gesungen, sondern gesprüht hätte. Er habe schon mal Herrn Crust im Verdacht gehabt, dem sei ja eigentlich alles zuzutrauen, aber ich müsse nun schon zugeben, dass es da jetzt zumindest ein hartes Indiz gegen mich gebe: Deichkind. Das sei ja wohl ein zu großer Zufall. Und falls ich der anonyme Sprüher sei, solle ich wissen, dass die Klasse stolz auf mich sei. Ich solle jetzt nichts sagen. Einige Schüler aus meiner Klasse stehen daneben, zwei oder drei grinsen, andere nicken ernst. Ich finde es irritierend, dass die mir das offenbar wirklich zutrauen. Stimmt hier was mit meiner Lehrerrolle nicht? Und deshalb frage ich diese vier bis sechs Schüler, ob die mir das wirklich zutrauen. Sie versuchen, ernste und erwachsene Mienen aufzusetzen und sagen verständnisvoll, ja nee, schon klar, natürlich könne ich nicht offen mit ihnen darüber reden, ich müsse das selbstverständlich abstreiten, kein Problem. Wir könnten das Thema wechseln, sie würden niemandem etwas sagen, aber falls ich es sei, sagt jetzt Jannis mit Verschwörungsblick, aus dem Begeisterung blitzt: RESPEEECT!

Heute bekomme ich eine Mail von Carls Vater. Sofort vermute ich, er will über Ahoj-Brause reden oder über die Klassenkonferenz oder die Zukunft seines Sohnes. Liegt ja gerade viel auf dem Tisch. Ist aber ganz anders. Eigentlich habe er nämlich Herrn Oberheide schreiben wollen, der besitze aber keine E-Mail-Adresse. Nicht zu glauben, aber er hat recht. Deshalb also nun an mich, den Klassenlehrer. Oberheide habe die Klasse im Musikunterricht letzte Woche ein russisches Militärlied singen lassen, das habe Carl unheimlich imponiert. Er habe daraufhin recherchiert, und jetzt höre er zu Hause pausenlos und in ärgerlicher Lautstärke russische Militärchöre. Das fänden seine Frau und er wirklich befremdlich. Kann er nicht einfach Gangster-Rap hören, so wie alle anderen Sechzehnjährigen auch? Na gut, immerhin stünden sich beide Genres in Pathos, Bassstärke und Gewaltverherrlichung recht nahe, aber wenn diese Hip Hopper rappen, verstehe er immerhin einigermaßen, worum es gehe.

Ehrlich gesagt, fände er selbst das zwar sehr seltsam, aber eigentlich unproblematisch. Er sei aber in seiner Funktion als Elternvertreter von einem Vater darüber informiert worden, dass dieser sich bei der Schulleitung beschweren werde. Stalin-Kult und das Zelebrieren von Militarismus seien inakzeptabel. Carls Vater schreibt, dass es vielleicht nicht schaden kann, wenn ich Bescheid weiß und dass ich mir ja mal überlegen kann, ob ich Herrn Oberheide vorwarnen will. Die ganze Mail klingt leicht amüsiert, und zwischen den Zeilen lese ich sein Befremden über Herrn Thoma heraus. Carls Vater nennt zwar keinen Namen, aber wer sonst sollte es sein?

Weil ein Kollege sein Kind Hals über Kopf aus der Kita holen muss (Zunge angebissen!), habe ich Spontanvertretung in einer sechsten Klasse. Ohne Plan gehe ich rein, frage, was die gerade so machen, und weil der Klassenraum mit Computer und Beamer ausgestattet ist, suche ich nach einer Doku zum Römischen Reich bei YouTube. Dokus spontan bei YouTube suchen und zeigen, geht immer. Denke ich zumindest, bis im Film plötzlich ein römischer Kaiser porträtiert wird, der sich weniger für Rom als für die attraktiven Römerinnen interessierte. Zu sehen sind Kaiser und Gespielin im Bett. Und zwar ohne Pyjamas. Die Szene ist harmlos, man sieht eigentlich nur zwei nackte Rücken, aber weil ich darauf nicht vorbereitet bin, erscheint sie mir quälend lang.

Ich beobachte die Reaktionen der Schüler, in deren Gesichtern sich augenblicklich das ganze Spektrum menschlicher Emotionen entfaltet: Begeisterung, Hilflosigkeit, Scham, ja selbst Entrüstung lese ich in den Kindermienen. Die meisten grinsen belustigt bis verlegen. Zum Glück ist die Szene wirklich nicht lang, ich lasse sie unkommentiert und lege mir schon mal Rechtfertigungen für ein mögliches Nachspiel zurecht. Irgendwelche Eltern wird das vermutlich auf den Plan rufen.

Das Musikprojekt »Alt vs. new« meiner Klasse ist abgeschlossen. Heute ist der Tag, an dem die besten Hits daraus auf dem Schulhof präsentiert werden sollen. Der Hälfte der Klasse ist das eher unangenehm, »hart peinlich«, sagen sie, oder »awkward«. Die anderen freuen sich mehr oder weniger offen und wirken aufgeregt. Aufregung ist ja eigentlich immer eine gute Regung, vorausgesetzt, es besteht keine Gefahr durchzufallen.

Einige wenige Schüler aus anderen Klassen sind eingeweiht, sie sollen filmen, und jemand hat dafür sogar die Drohne seines Bruders mitgebracht. Hoffentlich ist das mit der Schulleitung geklärt, Datenschutz und so, fällt mir gerade ein. In der großen Mittagspause fängt Karla auf dem Schulhof bei der alten Buche plötzlich an zu singen: »Wie kann man jemand so krass vermissen wie ich dich in diesem scheiß Augenblick?«, von Juju und Henning May (Kurz frage ich mich, ob sie Carl was sagen will?). Den Text kennen alle auf dem Schulhof, alle, die unter achtzehn sind zumindest. Sie singt ihn zur Melodie von »Kommt ein Vogel geflogen«, das funktioniert seltsam gut zusammen, die Sehnsucht steckt in beiden Liedern. Karla hat ein Micro in der Hand und tänzelt da so rum, ihre Stimme ist hell und klar, und sie strahlt Entschlossenheit aus. Das macht sie wirklich gut. Nach und nach klinken sich die Mitschüler ein. Sie haben sich an den Rändern des Schulhofes positioniert, so dass es jetzt aussieht, als strömten sie langsam aus allen Richtungen herbei. Zur Mitte des ersten Liedes ist Karla nicht mehr allein. Jannis, Jonathan, Lasse, Amir, Eva, Sophia und Marlene stehen neben ihr, sie glühen. Der Gesang wird lauter, und bald schon stehen alle zusammen. Kurz darauf stimmt auch die eingeweihte Parallel-Klasse mit ein. Anfangs hat Verwunderung bei den Umstehenden geherrscht, bevor einer nach dem anderen begriffen hat, was hier passiert. Jetzt stehen alle um die Singenden, und irgendwie ist die Stimmung ausgelassen und gleichzeitig wundervoll feierlich. Oberheide und Hanna haben das gut vorbereitet, alle lauschen erst überrascht, dann gebannt, und auch aus den Fenstern des Lehrerzimmers im ersten Stock strecken sich Lehrerköpfe.

Herrn Oberheide ist anzumerken, dass er angespannt und sehr stolz ist, völlig zu Recht, wie ich finde. Er will sich das aber nicht anmerken lassen, und wenn ich ihn anspräche, würde er wahrscheinlich ganz schön viel anstrengenden Früher-war-alles-besser-Kram erzählen. Und selbstverständlich würde er niemals den Begriff Flashmob benutzen, man kann ja auch »spontanes Singspiel« oder so sagen. Referendarin Hanna weiß das, sie steht schweigend daneben und freut sich.

Nachdem vier Lieder gesungen sind und dazwischen warme Applauswellen über den Schulhof wogen, schreit plötzlich jemand spitz auf. Dann knallt es erst kurz und dumpf, dann klirrt es, und dann klingt es ein bisschen, als regne es Plastiksplitter. Das liegt daran, dass es Plastiksplitter regnet. Die Drohne ist gegen die Wand des Schulgebäudes geflogen, und die Trümmer fallen nun auf den Boden. Das hätte ins Auge gehen können, ging aber nur in die Haare einiger Schüler, die sich jetzt mit den Fingern die Splitter rauskämmen. Ein paar lachen, aber die meisten gucken erschrocken. Aufregung hat sich breitgemacht.

Weil offensichtlich nichts Ernsthaftes passiert ist und niemand verarztet werden muss, beobachte ich Hanna und Oberheide. Hanna wirkt hannamäßig hektisch und überfordert, als fühlte sie sich nicht wohl in ihrer Haut, sondern irgendwie mitschuldig. Bloß weg hier. Aber natürlich kümmert sie sich fürsorglich, fragt, ob alles okay sei, und probiert sogar aufmunternde Witze. »Die Splitter im Haar stehen dir gut« und Ähnliches.

Oberheide macht es natürlich nicht anders, aber auch er muss sich zusammenreißen. Im ersten Schreckmoment ist da dieser starre Früher-war-alles-besser-Blick. Als hätte er ja schon immer gewusst, dass das alles Mist sei. Das Projekt, die neue Technik, was auch immer. Dann aber, wohl wissend, dass das nur ein kurzer Quatschgedanke ist, gibt er sich einen Ruck: Weg mit dem dunklen Gedanken, und jetzt aber helfen.

Eben bekam ich eine neuerliche Mail von Herrn Thoma, fast hätte ich ihn vermisst. Schön als Rundmail beziehungsweise Aufstachelungsmail an alle Eltern, oder wie nennt man dieses Format? Er habe von dem Drohnenunfall gehört. Habe da nicht Gefahr für Leib und Leben der Schülerschaft bestanden? Es sei schließlich meine Klasse gewesen, die diese Aktion initiiert und durchgeführt habe, und ich als Klassenlehrer sei folglich der Verantwortliche. Welche Sicherheitsvorkehrungen hätte ich zuvor getroffen?

Ich habe auf solche Mails in der Vergangenheit mal zickig, meist ironisch geantwortet, ohne das dann abzusenden. Deeskalieren ist gesünder. Aber leider nicht befriedigend. Auch wenn es schwerfällt, schaffe ich es dann zum Glück immer, sachlich und kühl zu antworten. Auf Destruktion mit Milde zu reagieren – das ist ja regelrecht eine biblische Herausforderung. Die andere Wange. So ähnlich muss es sich anfühlen, wenn man versucht, mit dem Rauchen aufzuhören, mal sehen, wie lange ich noch widerstehen kann.

Zum Glück weiß ich die Elternschaft auf meiner Seite. Ein Vater schreibt nun, er habe von Schülern und anderen Eltern gehört, der Klassenlehrer sei in Planung und Durchführung des Projektes nicht eingebunden gewesen, es könne unmöglich sein, dass man jeden Schritt überwache und so weiter.

Ich antworte nur, das sei korrekt, für Nachfragen solle man sich bitte an die Schulleitung wenden. Ich vertraue dem weglächelnden Dr. Wohlert, Weglächeln ist eine seiner vielen Stärken.

Heute sitzen Kollege Crust und ich zusammen im Lehrerzimmer. Es ist 11.00 Uhr, in einer halben Stunde soll Kollege Bender in den Ruhestand verabschiedet werden. Weil er genau wie Oberheide seine gesamte Laufbahn an dieser Schule verbracht hat und obendrein die personifizierte Schulidentität ist, sind alle gerührt und freuen sich auf seine Rede, die für 11.30 Uhr angekündigt ist. Anschließend soll das Buffet eröffnet werden, und es gibt Sekt. Crust und ich sind noch allein, und unvermittelt erklärt er, heute noch nicht gefrühstückt zu haben, und geht dabei diebisch grinsend und händereibend zum Buffet, das heute Morgen vorbereitet wurde. Dann beginnt er einfach zu essen, nascht hier und da und freut sich sichtlich. In diesem Moment kommt der scheidende Kollege Bender herein, guckt erst pikiert, dann vorwurfsvoll und sagt, dass er das ganz schön frech fände. Verdienter Rüffel, denke ich und grinse nach innen, aber Crust, der sich zu Recht erwischt fühlt, zeigt auf mich und sagt entschuldigend: »Wir hatten schon Hunger.« Ich bin einigermaßen fassungslos: »WIR??!!«

Als Bender wenig später seine Rede hält, die klingt, als hätte Stefan Zweig sie geschrieben, baut er diese Episode in seine Ausführungen ein. Nicht so nett, aber das Lehrerzimmer ist kein Ponyhof, und zum Glück nennt er nur Crusts und nicht meinen Namen. Das Kollegium lacht, und Crust sieht aus, als hätte er jetzt schlechte Laune und nicht mehr so großen Appetit. Eventuell doch gut, dass er schon gegessen hat.

In der nächsten Stunde stehe ich vor meiner Klasse, und ich muss sagen, dass das hier ganz ausgezeichnet läuft. Die Stimmung ist großartig, ich bin richtig gut in Form, was für eine Unterrichtsplanung! Bin beschwingt und frage mich, ob die Würdigung von gutem Unterricht etwas ist, was im Schulalltag, also genau genommen immer, unter den Tisch fällt. Das interessiert einfach niemanden wirklich. Okay, die Schüler profitieren davon und sagen manchmal sehr nette Sachen, ja, aber deren Horizont ist nun mal noch nicht so weit, dass sie wirklich zu schätzen wissen, was ihnen da geboten wird. Ihre wichtigsten Kriterien sind oft »langweilig« oder »nicht langweilig«. Das verstehe ich. Viele junge Menschen können einfach noch nicht alle Dimensionen erfassen. Deshalb bespielt man dann deren Nicht-langweilig-Dimension, weil es andernfalls anstrengend wird. Gute Vorbereitung liegt aus vielen Gründen im eigenen Interesse. Jetzt gerade ist es aber wie gesagt kein bisschen langweilig, super abwechslungsreich und lustig sogar, fast schon verdächtig gut.

Könnte an meiner extrem guten Vorbereitung liegen, vielleicht aber auch daran, dass ich zuvor im Lehrerzimmer bei Benders Verabschiedung aus Versehen mehr als ein Glas Sekt getrunken habe.

STALIN

Heute kommt Küppers zu mir und fragt mich, ob ich ihm erklären könne, was Instagram genau sei und wie das funktioniere. Die Schüler sprächen ja ständig davon, und neulich lief sogar in den Tagesthemen ein Beitrag darüber. Habe er aber nur so halb verstanden.

Küppers ist vielleicht nicht der klassische Instagram-Nutzer, aber er ist neugierig und technikaffin. Ich zeige ihm also die App auf meinem Smartphone, scrolle, erläutere und zeige dieses und jenes. Scheint ihn nicht zu beeindrucken, eher zu enttäuschen. Worin läge denn jetzt der Vorteil im Vergleich zur Google Bildersuche zum Beispiel? Wir reden ein bisschen aneinander vorbei, es ist nicht so einfach, und ich weiß nicht, warum ich den Ehrgeiz habe, ihm die Sache schmackhaft zu machen. Besonders erfolgreich bin ich damit auch nicht. Bis ich plötzlich einen Einfall habe und kurzerhand Fynn Kliemann abonniere und ihm dessen Insta-Storys zeige.

Da leuchten Küppers Augen, er lacht, und als ich weitererklären will, guckt er streng und bittet um Ruhe, während er fasziniert auf mein Telefon schaut.

Habe nun den starken Verdacht, dass er mir in Zukunft

regelmäßig irgendwelche Videoschnipsel zeigen wird, und muss zugeben, mich ein bisschen darauf zu freuen.

In der Fünfminutenpause lausche ich den Pausengesprächen der 8b. Leider geht es heute bei den vier Jungs, die vor mir sitzen, wie so oft, nur ums Zocken. Das interessiert mich eigentlich nicht, ich muss aber anerkennen, dass sich das Kritiker-Quartett zwar in anstrengender Angeber-Manier gefällt, ihre Erörterungen aber durchaus komplex und differenziert sind. Überlege deshalb, ob ich die Reife dieser Jungs bisher unterschätzt haben könnte. Sind die eventuell doch schon erwachsener, als ich dachte? Bisschen schade, dass ich ihre Fähigkeit zu vielschichtigen Gedankengängen nie für den Unterricht gewinnen konnte.

Kurze Zeit später, gleich klingelt es, fragt einer von ihnen, Karl, seine Freunde, ob sie heute nach der Schule Lust hätten, wieder zu Rossmann zu gehen. Kondome durchstechen, er habe Nadeln dabei.

Dann klingelt es, der Unterricht beginnt, ich kann aber nicht. Kondome durchstechen?? Ich sehe rot. Werde in der nächsten Pause ein Gespräch führen, das weder komplex noch differenziert sein wird. So viel zum Thema Reife.

Notengebung ist eine schwierige und mitunter unangenehme Sache. Ich hatte mal einen Schüler, der immer beleidigt den Raum verließ, wenn er seine mündliche oder schriftliche Note erfuhr. Wirklich immer. So richtig mit eingeschnapptem

Schnaufen, theatralischem Türengeknalle und manchmal auch mit Wut-Gebrüll. Einige überschätzen sich schamlos, andere haben einfach Angst vor ihren Eltern, das ist gar nicht so selten. Als ich mal in eine fünfte Klasse kam, weinte da ein Mädchen, und es stellte sich heraus, dass sie eine Zwei in einer Mathearbeit bekommen hatte. Ich versuchte, ihr klar zu machen, dass eine Zwei in Mathe in der fünften Klasse doch keine Katastrophe ist. Da sah sie mich an, als könnte sie es nicht fassen, wie ich als Lehrer so blasphemisch daherreden könne. Und außerdem, erklärte sie mir mit gefährlichem Funkeln in den Augen, würde ich ihre Eltern nicht kennen. Wenn ich wüsste, was ihr heute Nachmittag zu Hause blühe… Immer wenn ich so was höre, würde ich am liebsten gleich dort anrufen, um den Eltern zu erklären, wie dämlich das ist, aber macht man dann ja doch nicht. Nehme ich mir jetzt aber fürs nächste Mal vor.

Kein Wunder also, dass die meisten Schüler vollkommen humorlos sind, wenn es um Noten geht. Als ich noch Anfänger war, fand ich es mal lustig, bei der Notenverkündung dem Klassenbesten trocken eine »3+« anzukündigen, um nach ein paar Sekunden Pause zu erklären, nee nee, das sei nur ein Scherz gewesen, natürlich bekäme er seine verdiente Eins. Da war kurz frostige Stille in der Klasse, kein Lachen, kein Lächeln. Alle haben mich angeguckt, als wäre ich ein Psychopath. Bei Noten hört der Spaß echt auf, die sind heilig.

Wie viele junge Menschen, die frisch von der Uni kommen, habe ich eine Zeit lang die Ansicht vertreten, Noten seien eine fragwürdige Angelegenheit, da müsse es doch Alternativen geben. Gibt es auch. Und dann, nach den ersten paar Wochen, spätestens Monaten an der Schule, stellt man fest, wie merkwürdig notenfixiert Schüler sind. Die wollen ständig wissen, wie sie stehen, kaum etwas gibt ihnen so sehr das Gefühl von Bestätigung, Erfolg und sogar Glück wie gute Noten. Das Problem ist, dass das Gegenteil bei den anderen, den schwachen Schülern, genauso wahr ist.

So, und heute gibt es wieder Notentheater. Jannis kommt nach der Stunde zu mir und will wissen, wie er steht. Als ich ihm sage, dass er eine Zwei bekäme, wenn jetzt die Notengebung anstünde, versucht er zu verhandeln, obwohl es bei der Notengebung nichts zu verhandeln gibt. Sein Versuch, sich mit fadenscheinigen Argumenten selbst anzupreisen, wirkt eher traurig verzweifelt, vor allem, weil ich sehe, dass ihm das Ganze selbst unangenehm ist. Eigentlich, erklärt er mir nach einer Weile missmutig, sei eine Zwei wahrscheinlich fair, aber ich müsse bedenken, dass das einen Schnitt mit einer Zwei vorm Komma für ihn bedeuten würde und er deshalb sein Smartphone nicht zurückbekäme, das haben seine Eltern eingezogen. Erst eine Eins vorm Komma würde seine Eltern gnädig stimmen. Ich würde doch seinen Vater kennen. Dann fragt er mich, ob ich eine Ahnung hätte, was das bedeute? Kein Zugang zu den ganzen WhatsApp-Gruppen, kein Insta? Sein Leben fühle sich an, als müsste er eine Klassenarbeit ohne Papier und Stift schreiben. Oder als wäre er querschnittsgelähmt und dürfte an den Paralympics trotzdem nur ohne Rollstuhl teilnehmen. Das gehe doch nicht! Alle reden immer von Inklusion, aber er würde systematisch ausgegrenzt. Ob ich das wollen würde. Ich trüge eine immense Verantwortung und wolle doch auch in Zukunft noch in den Spiegel gucken können. Ein Leben ohne Smartphone sei möglich, aber sinnlos. Oder wie noch mal haben das Joko und Klaas gesagt? Oder war das Luke? Egal.

Mal davon abgesehen, dass ich seine Vergleiche für gewagt halte, beeindruckt mich diese Mischung aus Verzweiflung, Chuzpe und Beharrlichkeit, das finde ich fast rührend, vor allem auch, weil ich weiß, dass an seinen Ausführungen was dran ist.

Große Pause, Hofaufsicht. Weil eine Kollegin krank ist, heute mal zusammen mit Herrn Oberheide, der vertritt sie. Passt ganz gut, auf irgendwas wollte ich ihn doch noch ansprechen. Fällt mir vielleicht noch ein.

Hofaufsichten sind eine aufschlussreiche Angelegenheit. Nirgends kann man das Wesen des Schülers an sich so gut beobachten und entschlüsseln wie auf dem Schulhof, denn nie ist der Mensch so sehr Mensch, wie wenn er spielt. Hat schon der alte Schiller so ähnlich gesagt.

So ein Schulhof ist ja eine regelrechte Versuchsanordnung. Wer nicht am Smartphone zockt, der zockt mit Bällen. Meistens Tischtennis oder Abwurfspiele. Da sind mir die Regeln allerdings nie ganz klar geworden, auf jeden Fall scheint man da immer schreien zu müssen. Und ständig wird gerauft, manchmal glaube ich, Kinder raufen tagein tagaus. Manchmal muss ich dann an Tierfilme denken, wo es um Bärengeschwister geht, die ihre Kräfte messen. Nicht nur für die 10b, sondern auch jetzt hier auf dem Schulhof bin ich dann sozusagen die Bärenmutti.

Im Moment herrscht hier allerdings Frühlingsgedichtstimmung, zumindest so lange, bis plötzlich Schreie zu hören sind. Aufgeregte Schüler rufen mich zu Hilfe, Tillmann und Lena aus der 5c sind beim Fangen zusammengekracht. Tillmann ist mindestens einen Kopf größer und fast doppelt so breit wie Lena, und jetzt liegt sie da und weint, und ihr rechtes Knie blutet und die Welt geht unter. Am Zusammenprall hatte niemand Schuld, sagen alle Umstehenden. So was passiert, trotzdem bitte ich Tillmann, Lena die Hand zu geben und sich zu entschuldigen. Einfach aus Anteilnahme und als faire Geste. Meine Bitte fasst er aber so auf, als würde ich ihn für den Crash verantwortlich machen, obwohl ich sage, dass ich nichts gesehen habe und niemand ihm Vorwürfe mache.

Eigentlich sollte ich mich um die blutende Lena kümmern, doch weil Tillmann sich zu Unrecht beschuldigt fühlt, ist er wütend, es kullern Zornestränen, und dann haut er einen Quatschvorwurf nach dem anderen raus.

»Das war ne Schwalbe!«, schreit er, was so absurd und niedlich ist, dass ich leider lachen muss. Das bringt ihn verständlicherweise noch mehr in Rage, er brüllt, da gäbe es nichts zu lachen. Als ich ihm noch mal versichere, dass ich ihm wirklich keinen Vorwurf mache, erklärt er gleichbleibend laut, ich solle mich ja nicht rausreden, ich hätte ihn doch aufgefordert, sich zu entschuldigen. Dabei mischt sich seine Wut mit Triumph, so, als hätte er mich einer Falschaussage überführt. Meine Besänftigungsversuche klingen allmählich, als würde ich mich rechtfertigen, und sie fruchten nicht. Er fragt jetzt, wie ich überhaupt Lehrer werden konnte, und guckt dabei, als würde er mich gleich der Polizei übergeben. Weil ich inzwischen genervt bin, ignoriere ich ihn nicht, sondern frage, wie er überhaupt Schüler unserer Schule werden konnte, und dass er sich nun nicht nur bei Lena, sondern auch bei mir entschuldigen müsse. Ja, nicht sehr souverän und ein bisschen kindisch von mir, aber immerhin haut er endlich ab, und ich kann mich um Lena kümmern, auch wenn die schon wieder lacht.

Als das ganze Theater vorbei ist, fällt mir auch wieder ein, worüber ich noch mit Herrn Oberheide sprechen wollte. Wie war das jetzt noch mal mit Militärliedern und Stalin? Er versteht zunächst nicht, wovon ich rede. Stalin? Militärlieder? Hm, muss ein Missverständnis sein. Wir grübeln ein bisschen rum, dann fällt der Musiklehrergroschen. Natürlich! Er habe neulich mit der Klasse das Lied *Ey Ukhnem* gesungen, das müsse der Vater gemeint haben! Kichernd erklärt er mir, das Lied habe mit Stalin oder der roten Armee etwa so viel zu tun wie *O Tannenbaum* mit dem Dritten Reich. Es sei einfach ein altes russisches Volkslied. Genau genommen das Lied einer Berufsgruppe, der sogenannten Wolgaschlepper oder Treidler. Diese zogen bis weit ins 20. Jahrhundert Schiffe an langen Seilen flussaufwärts, denn Schiffe ohne Motoren schwimmen bekanntlich lieber mit dem Strom. Das Lied könne man vielleicht am ehesten mit dem Steigerlied, dem Lied der deutschen Bergleute, vergleichen. Beides typische Männerchorlieder: laut, melancholisch, Zusammenhalt und Berufsethos besingend. Er könne also Entwarnung an bissige Eltern geben.

Er erzählt dann noch ungeheuer unterhaltsam von russischen und Bergarbeiter-Seelen. Wenn er so weitermacht, bitte ich die Schulleitung vielleicht, jede Woche mit Herrn Oberheide auf dem Schulhof stehen zu dürfen. Muss ihn ja noch fragen, wie es um die Lehrer-Seele steht.

EISERN UNION!! Ein neues Graffiti. Schweigen im Lehrerzimmer, erste Ermüdungserscheinungen, Abstumpfung, Resignation. Fast wirkt es, als gebe man sich geschlagen, als habe man verloren. Fast will ich aufrütteln und Kampfgeist wecken. Brauche ich aber gar nicht, auf Pfaif-Böhring kann ich mich verlassen. Die ist außer sich und kündigt an, bei der nächsten Dienstberatung werde ausführlich darüber gesprochen, die werde extra deshalb vorverlegt, und möglicherweise werde man eine Task-Force einrichten. Wenn ich Task-Force höre, dann muss ich sofort an bemitleidenswerte Versuche denken, Missstände anzupacken. Wird so was nicht immer dann eingerichtet, wenn klar ist, dass man überfordert ist und nix machen kann oder will? Gibt es bei der FIFA nicht ständig eine neue Task-Force, wenn ein frischer Korruptionsfall aufgedeckt wird? Wahrscheinlich wurde auch am 9.11.1989 eine im Politbüro eingerichtet, auch wenn die vermutlich anders genannt wurde. Volkseigener Einsatzverband zur Rettung des Sozialismus oder so. Eine Task-Force ist die institutionalisierte Hilflosigkeit.

$$a^2 + b^2 = c^2$$

MUSEUMSGYMNASTIK

Hanna Ansolner hatte es nie leicht am Kessler. Umso schöner für sie, dass sie für ihr Flashmob-Projekt viel Anerkennung bekam. Das war auch nötig, denn die verlorenen Klausuren sind Teil einer ganzen Reihe von Fettnäpfchen, in die sie regelmäßig stolpert. Irgendwie läuft das hier nicht wirklich rund für sie.

Zu Beginn des Referendariats geht es vielen zukünftigen Lehrern so. Man kommt frisch von der Uni, trieb sich eben noch in Kolloquien rum, philosophierte darüber, wie man die Gesellschaft durch Bildung verbessern könne, und aalte sich in den dazugehörigen Forschungskontroversen. Wenig später ist man im Referendariat und wird plötzlich ständig angeschnauzt, weil man Linus und Madita aus der 5a aufgefordert hat, etwas von der Tafel abzuschreiben, oder weil man irgendein Bürokratiequatschformular falsch ausgefüllt hat. Diese Gemengelage ist der Nährboden für allerlei seltsame Blüten, die auch unerfahrene Hobbypsychologen im Lehrerzimmer gleich einordnen können. Viele Referendare sind anfangs einerseits handwerklich überfordert, während sie andererseits gleichzeitig intellektuell verkümmern, weil man sich an der

Schule ständig mit wiederkehrenden und ziemlich profanen Dingen herumschlägt. Praktisch täglich erklärt man, warum Beleidigen nicht gut ist, nein, Treten und Spucken auch nicht. Und ständig muss man helfen, Mützen zu suchen, oder Turnbeutel, immer diese nervigen Turnbeutel.

In der Folge oszillieren Referendare deshalb häufig zwischen Burn- und Bore-out, und dann treten Charaktereigenschaften zutage, die ihre Träger selbst überraschen. Das Spektrum reicht von Euphorie über Wut, Trotz und Verzweiflung bis hin zu Resignation – oft eines nach dem anderen und innerhalb von kürzester Zeit. Gemessen daran, wie schnell die Gefühlszustände umschlagen und wie heftig sie ausfallen, kann man sagen: ein bisschen wie im Berghain. Nur ohne Glücksgefühle. Ins Berghain geht auch Hanna Ansolner ab und zu, und dann beklagt sie sich über den anstrengenden Montag. Irgendwie ist sie noch nicht bereit für ein echtes Erwachsenen-Leben. Sagt sie.

Ich finde es konsequent, dass »Reden ist Silber, Tanzen ist Gold« nicht nur der Refrain eines guten Liedes, sondern auch ihre Lieblingsparole ist. Und Schweigen? Eher so Bronze. Im Lehrerzimmer hat sie mir auch mal erzählt, dass sie mit den Schülern in der Oberstufe mehr anfangen könne als mit den meisten Kollegen: Sie lache über die gleichen Memes bei Instagram, folge den gleichen YouTube-Channels, höre die gleiche Musik und – *guck dich doch mal hier um!* – sie kleide sich halt wie ein junger Mensch. Dann fragte sie mich, ob es vielleicht sinnvoller wäre, noch mal was anderes zu machen, sie fühle sich noch jung und könne sich nur mit sehr großer Anstrengung vorstellen, dauerhaft mit den vielen älteren Menschen im Kollegium zusammenzuarbeiten. Und wenn sie dann irgendwann dreißig oder so werde, könne sie noch mal von vorne anfangen mit dem Referendariat. Ja, vielleicht, habe ich geantwortet. Geblieben ist sie trotzdem.

Man kann nicht behaupten, dass Frau Pfaif-Böhring und ich uns in enger Kollegialität verbunden sind, vielleicht ist das schon klar geworden. Aber natürlich profitieren wir alle hier von ihrem Eifer, und vermutlich braucht jede Schule jemanden, der Schülern und Lehrern ständig auf die Finger schaut und haut. Dass das Kessler so gut dasteht, weil der Laden brummt, das ist ganz eindeutig auch ihr Verdienst. Pedanterie und ein inniges Verhältnis zu Regeln gehören unter Umständen zu ihren Stärken und meinen Schwächen – man kann sagen, wir passen einfach nicht zusammen. Oder nach anderer Lesart: Wir ergänzen uns ausgezeichnet. Ich gebe auch gerne zu, dass sie mich durchaus beeindruckt, wenn sie auf Knopfdruck alles zitieren kann, was mit Gesetzen, Verordnungen und überhaupt mit Regeln zu tun hat. Wenn es doch bloß *Wetten, dass..?* noch gäbe.

Heute kommt Jannis zu mir und fragt, ob ich eigentlich wisse, was Frau Pfaif-Böhring so in ihrer Freizeit treibe. Dabei guckt er so triumphierend, als hätte er sensationelle Insiderinfos. Ich habe keine Ahnung, was die so macht. Und ich muss sagen, dass allein die Vorstellung, sie könne Hobbys haben, die mit dem Kessler zu tun haben, mich verwirrt. Am Ende ist sie noch ein ganz normaler Mensch, der manchmal vergisst, seiner Mutter zum Geburtstag zu gratulieren, und dessen Socken irgendwann Löcher bekommen oder was? Schwer vorstellbar. Wobei das natürlich nicht ganz fair ist. Warum eigentlich sollte sie keine Hobbys haben, selbst Erich Honecker hatte Hobbys, davon las ich neulich. Ich glaube, der war immer in der Schorfheide jagen. Vielleicht jagt Frau Pfaif-Böhring auch? Ja, und dann fällt mir nichts Besseres ein, als Jannis zu sagen, ich könne mir vorstellen, dass sie jagen gehe. Na ja. Nicht unbedingt das ganze Programm, im Sinne von auf dem Hochsitz sitzen und warten und irgendwann danebenschießen. Aber abdrücken, treffen, erlegen und so, das kann ich mir schon vorstellen. Jannis scheint kurz zu überlegen, ob das ein Scherz gewesen sein soll, er schüttelt den Kopf und sagt, seine Tante habe zufällig Frau Pfaif-Böhring kennengelernt und halte sie für eine beeindruckende Frau. Ja, und dann grinst Jannis wieder sein blödes eidechsenhaftes Dieter-Bohlen-Grinsen und sagt, wenn wir bezüglich seiner Note noch mal verhandeln könnten, würde er vielleicht mehr verraten. Ich wisse ja: Noten und sein Smartphone und so. Ich bin wirklich neugierig, die Andeutung klingt ja so, als wäre es etwas, das man ihr niemals zugetraut hätte. Zum Beispiel Graffitis sprühen. Das wäre mal was.

Ich hatte nie viel Kontakt zu Herrn Oberheide. Ich kannte nur ein paar Kauz-Geschichten, die Alles-schweiget-Aktion, die mir irgendwie sehr gefiel, gehört dazu. Skurril fand ich auch immer, dass auf seinem Tisch im Lehrerzimmer, in dem er sich sehr selten aufhält, eine uralte hölzerne Hutschachtel steht, rund und irgendwie unpraktisch, in der er seine Sachen aufbewahrt. Das wirkt auf mich herrlich gestrig, fast romantisch. Ich bin mir aber nicht sicher, ob er sie aus Stil-Gründen nutzt oder ob er sie einfach geerbt hat. Vermutlich wollte er sie dann nicht wegschmeißen, und ich traue ihm zu, dass er neumodische Aufbewahrungslösungen einfach grundsätzlich ablehnt.

Seit er meine Klasse in Musik unterrichtet, haben wir uns manchmal zu einzelnen Schülern ausgetauscht, und durch das »Alt vs. new«-Flashmob-Projekt habe ich ein paar Geschichten von Hanna gehört.

Heute ist Wandertag ins Brücke-Museum. Brücke-Künstler und Harry Graf Kessler – das passt schließlich wie Uli Hoeneß zum FC Bayern. Im Brücke-Museum werden Werke der gleichnamigen Künstler-Gruppe ausgestellt, den Wegbereitern der klassischen Moderne, viel bunt, viel Goldene Zwanziger, großartig.

Weil Hanna, die eigentlich mitkommen sollte, krank geworden ist, wurde mir Herr Oberheide als Begleitung zugeteilt. Schön, dann lerne ich ihn mal besser kennen. Schon auf der Hinfahrt zum Museum in Dahlem fällt mir auf, dass er in Plauderlaune und guter Stimmung zu sein scheint. Er erzählt mir von seinem Studium in Tübingen, der direkten Linie, die (angeblich) von Joseph Haydn zu Pink Floyd führt, von seinen Enkeln in Heidelberg und Tomatenzucht auf seiner Charlottenburger Dachterrasse.

Während wir im Museum dann durch die Ausstellung schlendern und jeder so seinen Gedanken nachhängt, sehe ich aus dem Augenwinkel, wie Oberheide, der nur ein paar Meter neben mir vor einem Bild steht, plötzlich gymnastische Übungen macht. Ich will nicht zu offensichtlich starren und vermeide, irritiert zu wirken. Aber Kniebeugen im Museum? Ich muss einfach hingucken. Schüler scheinen nicht in der Nähe zu sein, das hoffe ich zumindest. Andererseits wäre das für sie vielleicht ein Grund, den Tag spannend zu finden. Auch wenn es *Kessler*-Schüler sind und sich der Sprecher des Audio-Guides alle Mühe gegeben hat, die meisten interessiert das nicht besonders. Und Jannis sagt mir, wie in jedem Museum, das Beste hier sei das WLAN. Immerhin scheint heute nichts zerstört zu werden, das ist mir auch schon mal passiert.

Aus undurchsichtigen Gründen kam es vor zwei Jahren während eines Museumsbesuchs zu einer folgenschweren Rangelei. In der Folge wurde ein Schüler gegen eine Vitrine gestoßen, so dass diese erst bedrohlich wankte und dann umkippte. Keine Ahnung, warum die nicht fester verankert war. Der Museumspädagoge, der uns führte, hüpfte jedenfalls in heller Aufregung rum und fragte mich aufgebracht, warum ich die Klasse nicht im Griff hätte. Weil meine Laune längst im Keller war, deeskalierte ich nicht sofort, sondern erkundigte mich, ob er erwarte, dass ich meine Schüler anleine. Da lag er nun also inmitten von Vitrinenscherben, der Wikingerschmuck. Zum Glück stellte sich schnell heraus, dass das nur Repliken waren, aber der Schreck saß tief. Bei mir zumindest.

Statt sich um die Scherben zu kümmern oder wenigstens zu fragen, ob er helfen könne, ließ sich der Schüler dann von den von Pubertätsübermut aufgepeitschten Mitschülern feiern.

Ich werde aus meinen Erinnerungen gerissen, als ich plötzlich jemanden singen höre. Leise zwar, aber doch für alle Besucher im Umkreis von einigen Metern zu hören. Oberheide scheint seine gute Laune einfach rauszulassen, ohne jegliche Scheu oder Hemmung.

Kurze Zeit später steht er vor einem Bild, auf dem tanzende Menschen abgebildet sind, alle in Schwarz und Rot gekleidet. Oberheide schaut auf das Bild, dann nach rechts und merkt, dass die Dame, die gerade dasselbe Bild betrachtet, ebenfalls in schwarz und rot gekleidet ist. Verblüfft sagt er, nein, eigentlich ruft er: »Oh, das könnten ja Sie sein auf dem Bild, schauen Sie nur, die Farben!« Und Sekunden später, nach weiterem Betrachten, die Dame hatte immerhin geschmunzelt, ruft er nun fast aufgeregt: »Ja, und auch von der Figur her!« Da wird mir kurz heiß, auch wenn die Dame ebenso schlank wie die Tanzende auf dem Bild ist. Unangenehm ist mir das dennoch. Oberheide haut solche Sachen so ungefiltert raus – so was meint man wohl, wenn man sagt, jemand trage sein Herz auf der Zunge.

Im Museumsshop kauft er sich eine Postkarte von einem Bild, das Tübingen in kräftigen, bunten Farben zeigt und das er auf dem Rückweg in der S-Bahn ausdauernd betrachtet und anlächelt. Ab und zu hält er die Karte den fremden Menschen, die ihm gegenübersitzen, strahlend vors Gesicht und sagt: »Schauen Sie mal, wie schön das ist, da habe ich studiert!« Einfach, weil er seine Freude über das schöne Bild und seine schönen Erinnerungen teilen will. Ich schaue mir das eine Weile an und frage mich währenddessen, wie verschroben man eigentlich sein kann. Gleichzeitig muss ich sagen, dass ich Herrn Oberheide unheimlich liebenswert finde.

Viele Schüler sehen das auch so, Oberheide ist trotz (oder wegen?) seiner kauzigen Art durchaus beliebt, aber Häme über Unkonventionalität steckt im Menschen wie der Drang zum Spicken im Schüler. Mit dieser bedauerlichen Tatsache werde ich konfrontiert, als ich aufschnappe, dass ein Schüler Oberheide bei seiner Museumsgymnastik im Brücke-Museum gefilmt haben muss. Dieses spektakuläre Filmchen, Insta-Gold, wie die Klasse sagt, scheint als Insta-Story in Endlosschleife zu laufen, außerdem wurden den nie enden wollenden Kniebeugen Geräusche hinzugefügt. Bei jeder Kniebeuge ist nun eine Hupe zu vernehmen. Weil die Schüler später raunen, es sei krass, wie viele neue Follower Carl bei Insta gewonnen habe, fürchte ich, er muss wohl der filmende Schüler im Brücke-Museum gewesen sein.

DR. OTTO NACHTIGAL

Herr Schurmeister fehlt. Schon seit zwei Wochen. Und Kollege Crust sagt, er komme sicher nicht wieder, sei ja hier sowieso nichts für ihn gewesen. Burnout, Depression, ausgebrannt, was man dann eben so sage. Eigentlich sei es doch immer das Gleiche: nicht klargekommen. Und dann sei eben die Luft raus, der Mensch am Ende. Er sagt das so lakonisch, so abgeklärt und achselzuckend, dass ich ihm sage, es störe mich, dass er das so lakonisch, abgeklärt und achselzuckend sagt, das klänge empathielos. Da wird er ungehalten. Ob ich noch nicht bemerkt hätte, dass das Ganze hier ein Haifischbecken sei, dass man kaputtgehe in diesem Irrenhaus. Da müsse man eben knallhart werden und sich eine Elefantenhaut für die Seele zulegen.

Er wird mir durch seinen Ausbruch nicht sympathischer, aber plötzlich verstehe ich ein bisschen, warum der sich immer so eigenwillig, um nicht zu sagen asozial, verhält: Vielleicht hat er wirklich einfach Angst vorm Kaputtgehen und will sich schützen. Mir ist schleierhaft, wie man ausgerechnet das Kessler als Haifischbecken bezeichnen kann, das ist ein ganz normales Gymnasium und in keinster Weise eine

Problem- oder Brennpunktschule, wie das in Berlin heißt. Wer sollen überhaupt die Haie sein? Die Schüler oder die Lehrer? »Irrenhaus« finde ich auch leicht übertrieben, aber tatsächlich ist Schurmeister nicht der Erste, der aus undurchsichtigen Gründen verschwindet. Der Letzte war Kollege Pülscher. Wir kannten uns nur oberflächlich, immer wenn wir miteinander sprachen, ging es ums Klassenbuch, zu dem er ein inniges (eventuell meine ich: irres) Verhältnis pflegte. Das Klassenbuch war seine Holyge Bimbel, so ging der Schülerspott. Er habe sich mal unfassbar aufgeregt, als zwei Schüler in der kleinen Pause im Klassenbuch blätterten. Weil Datenschutz oder so. Da habe er einen regelrechten Brüllanfall bekommen. Und als er mal einen Fünftklässler bei dem Versuch erwischte, mit Tintenkiller den Vermerk über seine Verspätung im Klassenbuch zu löschen, ist er so ausgerastet, dass der Kleine ziemlich lange geweint hat. Mehrmals hat Pülscher mich mit hochrotem Kopf aufgesucht, weil ich angeblich nicht die einem Klassenbuch angemessene Sorgfalt an den Tag legte. Einmal hatte ich schlicht vergessen, etwas einzutragen, ein andermal hatte ich versäumt, mit Kürzel zu unterschreiben. Und ein paar Monate später, das Schuljahr hatte gerade begonnen, fehlte im Klassenbuch meiner Klasse die Eintragung, wer denn nun das Klassensprecheramt innehat. Ogottogott!

Pülscher hangelte sich in den letzten Jahren immer wieder von Burnout zu Burnout. Ich bekam dann immer buchstäbliche Mitleidsattacken, wenn er mir wieder hinterherlief, weil ich irgendwelche Klassenbuchregeln missachtet hatte. Man hätte mal ein ernstes Gespräch über die Schattenseiten von Perfektionismus oder über das Konzept des Prioritäten-setzens mit ihm führen müssen. Das schien ihm alles voll-kommen fremd zu sein. Pülscher muss insgesamt ein Pedant und die Korrektheit in Person gewesen sein, da waren sich alle einig, auch Dr. Wohlert rollte bei Dienstberatungen und Konferenzen regelmäßig die Augen, wenn Pülscher ansetzte, sich in unwichtigen Details zu verbeißen. Verbeißen war sein Ding, und so was kann nicht gesund sein.

Damit will ich aber nicht sagen, dass man es so machen sollte wie Kollege Crust. Das gilt ja sowieso fast immer: so wie Crust lieber nicht. Er hat mir mal im vollen Ernst erklärt, Klassenbücher seien letztlich eine Art Lehrkörperüberwa-chungsdossier. Das lasse er nicht mit sich machen. Weil er sich also nicht kontrollieren lassen wolle, habe er seinen Weg ge-funden, dem System ein Schnippchen zu schlagen. Er schreibe einfach immer ein bis zwei Wörter in das dafür vorgesehene Feld, absichtlich vollkommen unleserlich und niemals wirk-lich zum Inhalt der Stunde. So mache er das schon seit Jah-ren, ohne dass sich jemand beschwert hätte. Klingt dubios bis bescheuert, aber doch auch entlarvend, so wichtig scheint das Buch ja nicht zu sein, wenn das nie jemandem aufgefallen ist. Passt aber zu Crust. Er hält ja auch Hausaufgaben und die Fußball-Bundesliga für Unterdrückungsinstrumente, auch wenn ich mich jetzt nicht mehr erinnern kann, warum genau.

Ich habe Aufsicht auf dem Hof, und heute rumst es mal wie-der. Zwei Sechstklässler balgen sich, wie man es sonst vor allem aus Tierfilmen kennt. Nachdem ich sie auseinandergeschraubt habe, wird es wieder hektisch. Aus dem Augenwinkel sehe ich, wie sich jemand mit erhöhter Geschwindigkeit nähert. Ich drehe mich um und erkenne Hanna, die in ihrer unnachahmlich stürmischen und zugleich linkischen Art auf mich zueilt. Eigentlich beschreibt ihr Gang ihren Charakter ganz gut, denke ich. In beidem, Gang und Charakter, treffen Dringlichkeit und Unbeholfenheit aufeinander. Eroberungswillen und ein Sich-nicht-halten-Können auf der einen Seite bei gleichzeitiger Ziellosigkeit und totaler Verunsicherung auf der anderen. Sieht irgendwie wackelig aus. Und es bedarf keiner hellseherischen Fähigkeiten, um zu wissen, dass sie mir gleich eröffnen wird, Mist gebaut zu haben.

Hanna erzählt, sie habe ihrem Grundkurs aus Versehen das Abiturthema für die mündliche Prüfung verraten. Habe sie eben nicht gewusst, dass man das nicht ankündigen darf. Warum sage einem so was keiner, warum lerne man so was nicht. Gut, sie hätte es sich denken können, ja, aber sie habe eben nicht nachgedacht. Und weil sie gestern die Aufgaben samt Erwartungshorizont erstellt habe, sei sie heute Morgen zufrieden in den Kurs gegangen und habe stolz verkündet, die Abiturprüfungen zur Frage, ob die Zukunft der Europäischen Union in der Vision einer Europäischen Republik läge, seien fertig. Davon habe sie im Lehrerzimmer erzählt, wo ein Kollege wissen wollte, ob sie wahninnig sei. Er habe ihr dann erklärt, man dürfe den Schülern lediglich das Halbjahr ankündigen, aus dem das zu prüfende Themengebiet stamme. Ja, und jetzt, was soll sie denn jetzt machen?

Sie wirkt hektischer als sonst, fuchtelt mit den Armen und man sieht ihr an, dass sie sich ziemlich über sich selbst ärgert. Ich kann ihr nur raten, neue Aufgaben zu erstellen, und dieses Mal nur das Halbjahr, aus dem das Themengebiet stammt, anzukündigen. Och menno, sagt Hanna, sie sei immer so verpeilt, und manchmal habe sie den Eindruck, als bestünde ein Großteil ihrer Arbeit darin, Fehler, die sie aus Verpeiltheit gemacht habe, auszubügeln. Kann gut sein, dass sie da recht hat.

Davon abgesehen, erklärt sie weiter, habe sie blöderweise heute Morgen die gestern erstellten Aufgaben bei der Schulleitung abgegeben. Diese werden dann üblicherweise in einem Safe eingeschlossen und erst am Tag der Prüfungen rausgeholt. Ja, und nun, wie kommt man an die Aufgaben im Safe, ohne dass die Schulleitung davon Wind bekommt? Kurz gehen wir Optionen durch, und mir fällt unsere Sekretärin, Frau Korittke, ein. Wie bereits erwähnt, ist sie trotz chronischer Neugierde ein Engel und die personifizierte Hilfsbereitschaft. Aber irgendwo hört die Hilfsbereitschaft auf. Beim heimlichen Entwenden von Abituraufgaben aus dem Schulsafe zum Beispiel.

Es führt also kein Weg am Gang zur Schulleitung vorbei, ihr Gang nach Canossa sei das und mittlerweile ja schon fast Routine, sagt sie bekümmert. Kurz darauf lächelt Herr Dr. Wohlert ihr aufmunternd zu und erklärt, alle machten Fehler. Sie sei ja noch nicht so lange dabei, das sei kein Problem, nur leider mehr Arbeit für sie. Schön, dass sie gleich reagiert und Bescheid gesagt habe. Abschließend murmelt er: »Wird schon.« Das murmelt er eigentlich fast immer, wenn es um Hanna geht.

Frau Pfaif-Böhring hingegen springt im Dreieck. Wenn Frau Ansolner nicht mal diese banalen Regeln befolge, was käme bloß zum Vorschein, wenn sie alles, was Hanna so im Schulkontext treibe, überprüfen und unter die Lupe nehmen würde? Na? Vor lauter Schreck bittet Hanna Frau Pfaif-Böhring, sie solle bitte nicht alles unter die Lupe nehmen. Und wirkt damit leider ganz unsouverän und kein bisschen vertrauenswürdig, offenbar sollen hier keine schlafenden Hunde geweckt werden. Jetzt stehen beide verdattert da, als würden sie gegeneinander angrübeln, welche Leichen Hanna noch so im Keller haben könnte.

Am Wochenende treffe ich in einer Bar auf einem Dach zufällig Florian, der vor zwei Jahren Abitur bei uns gemacht hat. Und weil er jetzt betrunken ist, quatscht er mich voll. Er ist mir nicht besonders sympathisch, ist aber egal, denn seine Geschichten sind unterhaltsam.

Die eigenartigste geht so: Seit der siebten Klasse hat er immer gehofft, Herrn Pruderling als Physiklehrer zu behalten. Von Physik hatte Florian nie eine Ahnung, nie etwas gelernt, nie etwas verstanden, aber dank Herrn Pruderlings eigenwilliger Unterrichtsmethodik hatte er immer eine Eins auf dem Zeugnis. *Nanu, wie geht das denn?*, wundere ich mich. Laut Florians Schilderungen besteht Pruderlings Unterricht einzig und allein darin, etwa einen Monat lang Stunde um Stunde im Schulbuch zu lesen und Arbeitsblätter auszufüllen. Am Ende wird auf dieser Grundlage ein Test geschrieben, Multiple Choice. In diesen Tests hatte Florian als Siebtklässler ein Muster entdeckt. Kenne man dieses, müsse man die Kreuze nur noch an der richtigen Stelle machen, erklärt er mir. Jeder Test bestände immer aus zwanzig Aufgaben, und wirklich immer sei die Reihenfolge der richtigen Lösungen die gleiche: b, a, c, b, d – und dann wieder von vorne. Und weil Herr Pruderling bis zur zehnten Klasse sein Lehrer war, sei ihm die Eins eben immer sicher gewesen. Florian wirkt ganz berauscht von seiner Chuzpe und diesem Irrsinn. Na ja, vielleicht ist es auch nur der Schnaps.

Schon möglich, dass Florian im Suff Märchen erzählt, Herrn Pruderling traue ich diese Quatschpädagogik allerdings durchaus zu. Und noch viel mehr. Pruderling ist mir seit meiner ersten Woche an dieser Schule unheimlich. Schon in unserem zweiten oder dritten Gespräch erklärte er mir vollkommen ernst gemeint, DDR-Ingenieure hätten einst den Walkman erfunden, aber Spione (vermutlich Japaner?) hätten die Patente geklaut und in den Westen verkauft. Ähnlich sei es bei der Mikrowelle gewesen.

Heute ist ein neuer Carlscher Coup aufgeflogen. Ich dachte zwar, das Thema sei durch, und Carl habe diese Phase überwunden, da aber scheine ich mich getäuscht zu haben. Immerhin wurde dieses Mal nichts beschädigt. Im Foyer unserer Schule gibt es eine Art Galerie zur Schulgeschichte. Da hängen Bilder vom Schulbau aus der Weimarer Zeit, Bilder von Festen und Jubiläen, Baustellenfotos des Anbaus in den Siebzigern, Preisverleihungen, Ehemaligentreffen und so weiter. Außerdem die Portraits sämtlicher Schulleiter seit Bestehen der Schule. Doch über dem Schriftzug »Gründungsdirektor Dr. Otto Nachtigal« hängt nun ein Bild, das mitnichten den altehrwürdigen Gründungsrektor Herrn Dr. Nachtigal zeigt, sondern: Carl höchstselbst. Und zwar in Schwarz-Weiß und in zeitgenössischer Kleidung und Pose. Ich kann mir nicht helfen, ich muss an Pepe Nietnagel, den Helden meiner Kindheit, denken und finde das so gut, dass ich das abfotografiere und in diversen WhatsApp-Chats versende. Wie gut ist das denn!?

EIERLIKÖRCHEN

Gleich beginnt unsere Dienstberatung, vorher plaudere ich noch mit Kollege Muringhoff. Und weil er unentwegt von einem Fuß auf den anderen hopst und mich das ganz nervös macht, frage ich ihn, ob er was loswerden will. Da grinst er und sagt, er habe in der Tat etwas zu verkünden, große Neuigkeiten. Gleich bei der Dienstberatung wolle er alle damit überraschen, er sei ein bisschen aufgeregt. In seinen Augen blitzt diebische Freude, und irgendwie sieht er unheimlich stolz aus. Bin gespannt.

Los geht es aber erst mal wie immer. Leider. Dienstberatungen, das muss man wissen, gehören zu den ödesten Terminen im Lehrerleben. Gäbe es ein Ranking für die langweiligsten Veranstaltungen überhaupt, würden unsere Konferenzen weit vorne landen. Vermutlich direkt hinter Treffen des Kegelvereindachverbandes zu Satzungsänderungen. So läuft das auch heute, es ist quälend zäh. Pfaif-Böhring moderiert, sagt sie, in Wahrheit monologisiert sie. Ich werde berieselt mit Informationen aus den Fachbereichen, zu anstehenden Projekttagen und Wettbewerben, Terminen bezüglich Abitur und MSA und erfahre, wann Absprachen und Abgaben fällig sind. Dann folgen Informationen zu neuen Ausführungsvorschriften, zu den neuen Formularen für Antrag xy und zu den Dingen, die schieflaufen (Türen abschließen niemals vergessen!! Ordnungsdienst ins Klassenbuch eintragen! Und dieses Jahr aber bitte wirklich alle zur Aufführung der Theater-AG kommen!). Die Dinge, von denen man da hört, sind nicht unwichtig, das stimmt, und ohne die Kenntnisnahme würde der Riesen-Apparat Schule nicht laufen. Aber die meisten Informationen würden auch prima in eine Rundmail passen. Stattdessen sitze ich hier im Regelfall etwa drei Stunden lang rum. Um die Zeit einigermaßen unbeschadet zu überstehen, habe ich mir verschiedene Strategien überlegt. Meistens schalte ich ganz klassisch auf Durchzug und lese heimlich, höhö, auf meinem Smartphone. Leider bin ich dabei in etwa so unauffällig wie meine Schüler im Unterricht. Frau Pfaif-Böhring hat mich deshalb mal vor versammeltem Kollegium gerüffelt. Das fand ich nicht so nett, deshalb habe ich prompt behauptet, Notizen zu ihren Ausführungen zu machen. Den Trick habe ich von meiner Klasse, die probieren das auch immer. Überhaupt findet hier immer eine interessante Rollenverteilung statt. Sehr schnell weiß man, wie Kollegen früher so als Schüler waren: Manche stören, andere melden sich eifrig. Die meisten gähnen regelmäßig und sehen so gelangweilt aus, wie ich mich fühle.

Mittlerweile sind nun zweieinhalb Stunden vergangen, der übliche und irre langweilige Schulquatsch ist endlich abschlie-

ßend erörtert. (Türen naaach und nicht vooor der Pause abschließen! Oder andersrum? Egal.) Wir sind nun beim Tages-
ordnungspunkt »Sonstiges« angelangt, der heute zwei Dinge
umfasst.

Zunächst wird die Graffiti-Thematik besprochen, zum
ersten Mal in dieser großen Runde. Es fällt sofort auf, dass
jetzt plötzlich alle ganz aufmerksam sind, dem kriminalisti-
schen Reiz dieser Angelegenheit kann sich kaum jemand ent-
ziehen. Während einige Kollegen ihre Sichtweise schildern,
lehnt sich Dr. Wohlert zurück und hört zu. Ich habe die ganze
Geschichte bisher vor allem als unterhaltsame Abwechslung
empfunden. Da bin ich nicht der Einzige, laut sagt das aber
keiner von uns. Nur Frau Frevert plädiert einmal mehr offen
dafür, besonnen zu bleiben. Hysterie sei kontraproduktiv, wer
auf Provokationen einsteige, eskaliere nur. Das sehen die Em-
pörten, und derer gibt es viele, gänzlich anders. Sie melden
sich allesamt und schildern ihre Betroffenheit. Wenn ich das
jetzt so höre, muss ich sagen, dass ich bisher zwar wahrgenommen hatte, wie stark sich einige Kollegen ereifern, aber
offenbar unterschätzt habe, wie sehr einige diese Graffitis als
persönlichen Angriff, ja gar als Demütigung empfinden. Als
nähme man ihnen die Würde. Umso stärker scheint bei diesen Kollegen das Bedürfnis nach Rache ausgeprägt zu sein.
In ihrer Empörung stacheln sich einige regelrecht gegenseitig an. Sie überbieten einander mit immer drastischeren vermeintlichen Handlungsoptionen. Weil dieser Skandal an den
Grundfesten des Kessler rüttle, müsse man den Täter unbedingt stellen.

Wie immer, wenn es um die Drecksarbeit geht, wird gefordert, Dombrowski solle sich kümmern. Sich auf die Lauer legen zum Beispiel oder eine Kamera installieren. Jemand wirft ein, das ginge aus datenschutzrechtlichen Gründen nicht. Dann wird es schnell laut, wie immer, wenn es um Datenschutz geht, Schule ist eben auch nur ein Spiegelbild der Gesellschaft. Dann wird eine Art Kopfgeld vorgeschlagen, schließlich müsse es in der Schülerschaft Mitwisser geben. Es liegt jetzt fast ein Hauch von Hexenjagd in der Luft, nur der dünne Firnis der Zivilisation kaschiert noch die Wut über das Vorgeführtwerden. Irgendwann muss sie unweigerlich herausbrechen, das ahnt man, wenn man hier in einige der Gesichter schaut. Lehrer als Inquisitoren. Als das Gespräch sich im Kreis zu drehen beginnt, bittet Wohlert, die Klassenlehrer mögen bitte noch mal mit ihren Klassen sprechen, und er werde noch mal das Gespräch mit der Schülervertretung suchen. Wie ein Durchbruch klingt das nicht. Enttäuschte Mienen im Lehrerzimmer. Was bleibt, ist Ratlosigkeit.

Dann erklärt Wohlert, Kollege Muringhoff habe um das Wort gebeten. Ach ja, der hatte ja große Neuigkeiten angekündigt. Er steht auf, räuspert sich und lässt den Blick feierlich über die Tische schweifen. Alle sind jetzt sehr neugierig. Und dann erzählt er, dass er am Wochenende geheiratet habe. Er sei sehr glücklich und würde im Anschluss gerne mit allen anstoßen. Damit hat niemand gerechnet. Muringhoff ist Anfang fünfzig und gab sich immer als Überzeugungssingle. Aber macht ja nun nichts, natürlich freut man sich für ihn, das Kollegium applaudiert überrascht und wohlwollend. Außerdem, führt der Bräutigam weiter aus, heiße er jetzt nicht mehr Muringhoff, sondern Lötschke, er habe den Namen seiner Frau angenommen.

Für einen kurzen Moment ist es jetzt ganz still, dann johlt Crust, ein paar weitere lachen oder klatschen, die meisten gucken irritiert. Offenbar wissen weder Wohlert noch Pfaif-Böhring Bescheid und reagieren so verdutzt und mit doppeltem Nachfragen, dass das unfreiwillig komisch wirkt. Das könne jetzt aber im System nicht sofort umgestellt werden, die Pläne und überhaupt, man werde das aber in die Wege leiten. Kollege Muringhoff, äh, Lötschke, ist damit nicht zufrieden. Grimmig raunzt er, das könne ja wohl nicht so schwer sein. Weil er ein bisschen eingeschnappt dreinschaut, stößt ihm sein Sitznachbar Kollege Ruderling, der wirklich Single ist, in die Rippen und bellt halb scherzhaft, halb ernst, Lötschke solle mal nicht beleidigt sein. Er sei ja wohl selber schuld, wenn er den Namen einer Frau annehme. Irgendwie ist die gute Laune verflogen, Getuschel und Geraune, so hat sich Kollege Lötschke das nicht vorgestellt. Ausgelassen sollte es jetzt sein, es gibt schließlich etwas zu feiern. Das sehe ich auch so. Wo ist denn nun eigentlich der Sekt? Doch Lötschke ist jetzt noch pikierter und keilt zurück: »Immer noch besser, als keine Frau finden!«

Heute kommt Kollege Pruderling zu mir und kündigt an, ich werde im nächsten Schuljahr seine Klasse in Geschichte unterrichten. Was ich davon hielte, fragt er mich, wenn wir mal zusammen eine fächerübergreifende Unterrichtseinheit – Geschichte trifft Informatik – planten. Ich denke sofort an Florians Schilderungen bezüglich Pruderlings Unterrichtsgestaltung und Notengebung und bin erst mal skeptisch. Trotzdem interessiert mich, was ihm vorschwebt.

Pruderling, so wurde mir schon oft berichtet, führt mit Schülern liebend gerne Fachgespräche über *Call of Duty*, *Fortnite* und diese Sachen, denen ich damals, mit Eintritt ins Erwachsenenalter, abgeschworen habe. Kalter Entzug, da akute Suchtgefahr bestand. Weil Pruderling diesen Zockertalk meistens im Unterricht führt, ist er bei einigen Schülern sehr beliebt. Früher fand ich es merkwürdig, dass sich seine Leidenschaft auch in der Kleidungswahl ausdrückte. Er trägt immer T-Shirts mit Motiven aus Computerspielen oder aus der Heavy-Metal-Szene. Wenn ich so darüber nachdenke: Heute finde ich das eigentlich immer noch merkwürdig. Warum machen erwachsene Menschen das, wenn sie zur Schule gehen? Ich will jetzt eigentlich gar nicht über Heavy Metal reden, kenne mich da auch überhaupt nicht aus, bin aber der Meinung, die Szene sollte wirklich mal an ihren Shirt-Motiven arbeiten. Immer prangen Monster oder Totenköpfe mit auffällig langen Zähnen auf Pruderlings Brust. Beliebt sind dort außerdem Kampfszenen, gerne auch Eingeweide, und fast immer ist Blut im Spiel. Warum eigentlich? Ich habe, wie gesagt, keine Ahnung, vermutlich verstehe ich Anspielungen, Subtext und Bedeutung einfach nicht. Aber so wird es sicher auch vielen Fünftklässlern gehen. Hat er mal darüber nachgedacht, ob er damit Kinder-Seelen traumatisiert?

Oh je, wenn ich mich so reden höre, muss ich befürchten, dass ich langsam alt werde. Und manchmal habe ich schwache (oder starke?) Momente, in denen ich Schuluniformen für Lehrer für eine gute Idee halte.

Wenn Kollegen fragen, ob man zusammenarbeiten möchte, sollte man jedenfalls immer zustimmen. Martialische T-Shirt-Motive sind kein Grund für eine Absage. Vor allem bedeutet so eine Zusammenarbeit ja Abwechslung für die Schüler, und das ist eigentlich immer gut. Er plane, erklärt Pruderling mir jetzt, mit seiner zehnten Klasse nächstes Jahr ein Computerspiel zu programmieren – wäre doch toll, wenn man als Vorbild irgendwas Historisches fände. Vielleicht habe ich ja eine Idee? Die besten Plots fände man doch in der Geschichte. Ich weiß nicht, ob er das sagt, weil er mich mit ins Boot holen will, ist ja auch egal, jedenfalls beiße ich sofort an. Er beschreibt noch ein bisschen, was ihm vorschwebt, Strategiespiel, starke Charaktere, und »irgendwas mit Mittelalter«. Das ist gut, denke ich, dann geht es nicht wieder mit Verschwörungstheorien zur DDR los, Walkman oder so.

Ich erzähle ihm kurz die Geschichte vom Investiturstreit – was für ein dramatisch eskalierender Machtkampf zwischen Kaiser und Papst! Der besitzt ja schon in sich eine tolle Dramaturgie. Warum gibt es dazu eigentlich noch keine Netflix-Serie? Oder eben ein Computerspiel.

Jedenfalls ergibt ein Wort das andere, Pruderling und ich reden sehr schnell, das alles klingt kein bisschen nach Multiple Choice oder anderem fragwürdigem Quatsch. Im Gegenteil, eher nach einer durch Computerspiele geweiteten Phantasie. Der Kollege wirkt inspirierend. Eventuell halte ich es gerade für sehr wahrscheinlich, dass wir beide uns da ziemlich reinsteigern werden. Das wird ein Spaß. Hoffentlich ohne Gemetzel.

Heute ist Wandertag mit meiner Klasse. Am *Kessler* können wir uns selbst aussuchen, wohin wir wandern wollen. Früher habe ich immer Schüler entscheiden lassen. Das fanden die richtig gut, ich irgendwann nicht mehr so. Denn mehrmals war ich im Computerspielemuseum, noch öfter im JUMP House, einer Halle, die eigentlich nur ein einziges großes Trampolin ist, in der alles springt und hüpft. Schon vom Zugucken kann einem schwindelig werden. Weil da aber ständig was passierte und ich nicht gerne in Krankenhäusern rumhänge und auf Computerspiele aus den Achtzigern und Neunzigern irgendwann auch keine Lust mehr hatte, habe ich die Sache dann doch selbst in die Hand genommen. Jetzt muss meine Klasse mit mir immer in die Museen oder Ausstellungen, die mich gerade interessieren.

Heute begleitet mich Kollege Eilers, das kann also nur unterhaltsam werden. Wir besuchen einen Workshop, und in der Mittagspause gehen wir in ein Café, das sich direkt neben dem Seminargebäude befindet. Wir wollen uns nach draußen setzen, ein Tisch ist da noch frei, allerdings fehlt ein Stuhl.

Kein Problem, am Nachbartisch, wo drei ältere Damen sitzen, ist noch einer übrig. Also geht Eilers kurzerhand rüber und fragt, ob der Stuhl noch frei sei. Als die Damen nicken, setzt er sich dazu und sagt: »Eilers, angenehm, und wer sind Sie?« Während eine der Damen schaut, als fände sie das unerhört übergriffig, gucken die beiden anderen erst verdutzt und brechen dann in schallendes Gelächter aus. Eilers strahlt sein Sportlehrer-Strahlen und fragt dann, ob sie nicht alle zusammen Eierlikörchen trinken wollten, darauf hätten sie jetzt doch bestimmt ebenso große Lust wie er. Da gibt es kein Halten mehr, es mischen sich Überraschung und Entzücken, und noch während sie lachen, fragt er die vorbeikommende Bedienung, ob die hier Eierlikör haben. Haben sie. Dann kommt er zu mir. Mit Stuhl, ohne Eierlikör, der kommt gleich erst, es wird der erste meines Lebens sein. Wandertage finde ich gut, mit Eilers noch besser.

Ein paar Tage später auf dem Weg zur U-Bahn höre ich zwei singende Piepsstimmen aus dem Kinderpulk vor mir. Es sind etwa ein Dutzend Kinder aus einer fünften Klasse, die ich nur aus Vertretungsstunden kenne. Die Straße ist laut, und das Stimmengewirr lenkt ab, trotzdem kann ich deutlich hören, wie beide fröhlich »unsere Lehrer sind genauso doof wie wir« trällern. Aber dann bricht eine der beiden Stimmen abrupt ab und sagt: »Ja, aber außer Frau Ansolner, die ist meeeeeeega schlau.« »Und lieb.« »Ja, und cool.« »Ja, und hübsch.«

Wenn Schüler unter sich sind, blenden sie fast immer aus, dass jemand hören könnte, was sie da so sagen. Auch wenn es in diesem Fall nur goldig ist, quatschen sich andere schnell mal um Kopf und Kragen. Faustregel: Umso jünger, desto unvorsichtiger, umso pubertärer, desto gefährlicher. Vor einem knappen Jahr saß ich in der U-Bahn, als ich plötzlich hörte, wie hinter mir zwei Stimmbruchstimmen über Kollegen herzogen. Jannis und Amir. Ich hatte die beiden nie zusammen gesehen, Jannis gehört zu den Lauten, Amir eher zu den Unauffälligen, da gab es kaum Gemeinsamkeiten. Hier aber fungierte das gemeinsame Lästern, wie so oft, als sozialer Kitt. Das ist wie im Lehrerzimmer, sind eben alles Menschen. Auch wenn es mir ein bisschen absurd vorkommt, dass eine asoziale Sache wie Lästern als sozialer Kitt dienen kann, das erinnert mich ein bisschen an »Bombing for peace«.

Die Lästereien, die ich dort in der U-Bahn belauschte, gehörten zum üblichen Pubertätsquatsch. Es ging um das Äußere von bestimmten Lehrern und deren sexuelle Orientierung. Ich finde es immer wieder erstaunlich, dass viele Schüler in diesem Alter, in dem sie ihrem Selbstverständnis nach total progressiv und eben nicht konservativ sind, das Bedürfnis haben, über vermutete Abweichungen von der Norm zu lästern. Gleichzeitig freute ich mich in dem Moment trotzdem für die beiden, schließlich schien da immerhin ein Freundschaftsmoment stattzufinden. Der Zweck heiligt manchmal eben doch die Mittel.

Apropos sexuelle Orientierung: Die Faszination für Sexualität gehört aus den naheliegenden Gründen zum Menschsein. Kein Wunder, dass dieses Thema also nicht nur in Schlafzimmern und dem Internet, sondern auch in der Schule präsent ist. Und damit meine ich nicht den Biologie-Unterricht. Jedenfalls wurde mir letzte Woche mal wieder vor Augen geführt, wie sehr meine Klasse hormonell bedingt im Thema steckt. (»Hihi: stecken.«)

Eva hatte sich gewünscht, dass wir uns im Unterricht mal mit starken Frauen beschäftigen. Deshalb hatte ich Vorträge verteilt, und nun hören wir also einmal in der Woche einen Vortrag zu beeindruckenden Persönlichkeiten. Von Cleopatra über Marlene Dietrich und Rita Süßmuth bis Alice Schwarzer und Sophie Passmann sind alle dabei, die Erfolg und Haare auf den Zähnen haben. Letzte Woche war Jannis dran und stellte Leben und Werk Hildegard Knefs vor. Wenn ich ihn richtig verstanden habe, ist für ihre Karriere vor allem eine Nacktszene im Film »Die Sünderin« von 1951 verantwortlich, die einen Riesenskandal ausgelöst hatte. Jannis sprach den halben Vortrag lang über diese Szene, analysierte sie eingehend und spielte sie immer und immer wieder neu ab. Eine mehrfach abgespielte Nacktszene als Ausweis weiblicher Stärke, so versuchte es Jannis ja darzustellen, war sicher nicht das, was Eva im Sinn gehabt hatte, und ich muss zugeben, erleichtert registriert zu haben, dass sie gar nicht da war.

Heute aber erlebe ich, wie das Thema Sexualität aus einer ganz anderen Perspektive beleuchtet wird. Cecilie aus der 5a erzählt in der Pause von ihrer Cousine. Die ist gerade erst geboren und kann noch gar nichts. Wie so ein Katzenbaby. Aber immerhin genauso süß. Milena mischt sich ein, die beiden fachsimpeln ein bisschen über Babys, ich bin ganz erstaunt über die Präzision, und Milena erklärt, dass sie leider weder

Cousin noch Cousine habe. Das läge nämlich daran, dass Onkel und Tante nur auf dem Standesamt geheiratet hätten. Hä?

Würde eigentlich gerne fragen, wie das denn nun zu verstehen sei. Da stellen sich mir doch ein paar Anschlussfragen zu biologischen Kausalitäten. Fliegt der Storch etwa nur los, wenn er Kirchenglocken läuten hört?

FÜR MAMA

Vertretung in der 6b. Weil ich gestern eine Doku über Luhmann gesehen und Lust habe, mich mit jemandem darüber auszutauschen, muss nun eben die 6b herhalten. Systemtheorie für Anfänger, kann man ja mal versuchen. Wir sprechen also über die Funktionsweise unserer Gesellschaft und der Systeme, aus denen sie besteht. Vor allem, na klar, über die den Schülern vertrauten Themen Schule und Familie. Klappt, wie bei einer sechsten Klasse zu erwarten ist, nur so mittelmäßig, aber als Paul beginnt, von seinen drei Omas zu sprechen, wird es interessant. Drei? Ja, drei, erklärt Paul, und es dauert eine Weile, bis klar wird, dass eine Oma eigentlich eine Uroma ist. Diese habe, so erzählt er dann, lange bei ihrer Tochter, also seiner Oma, gelebt, dann aber »richtig Scheiße gebaut«, so dass seine Oma »keinen Bock mehr« auf sie hatte. Die hochbetagte Dame musste deshalb ins Altersheim umziehen, wo sie jetzt hundertdreijährig lebt. Und dann sagt Paul vollkommen abgeklärt und mit der Intonation eines klagenden Mafioso: »Tja, was soll man machen, die Pumpe tut's noch.«

Weil ich mit einer Club-Mate-Flasche durch die Schule laufe, werde ich zu Dr. Wohlert zitiert. Er fragt, ob es stimme, dass ich in der Schule Bier trinke. Eine Kollegin sei eben mit dieser Behauptung bei ihm vorstellig geworden. Äh, wie bitte? Weil er nicht blöd ist, erzählt er das halb glucksend, halb kopfschüttelnd und gibt sich dabei keine Mühe zu verbergen, was er davon hält. »Drollig« sei ihr Auftritt gewesen. Und als ich ansetze zu erklären, was ich da trinke, wiegelt er sofort ab. Ich habe den Verdacht, dass er insgeheim mit mir über die Kollegin, deren Namen er mir natürlich nicht nennt, lästern möchte. Ich insgeheim auch, aber geht ja nicht, stecken in unseren Rollen und müssen die Schulräson achten. Und er braucht auch gar keinen Namen zu nennen, kann ja fast nur Frau Pfaif-Böhring sein. Dass wir unterschiedliche Getränke bevorzugen, finde ich ja in Ordnung, aber da muss sie doch nicht den Blockwart spielen.

Auf dem Weg in die nächste Stunde mache ich mir so meine Gedanken, denn das muss man sich ja wirklich mal vorstellen: Da gibt es offenbar eine Kollegin, die allen Ernstes denkt, ich tränke an einem Dienstagmorgen um halb zehn Bier(!), und zwar in der Schule(!), und die sich so sehr empört, dass sie nicht mich darauf anspricht, sondern gleich zum Schulleiter rennt. Wie kann das sein?

Ich stelle mir das so vor: Die Kollegin sieht ihren jungen Kollegen (huhu), dessen Lebenswelt ihr fremd und deshalb suspekt ist, mit einem ihr unbekannten Getränk. Weil es dunkelgelb ist, wie sie mit detektivischem Scharfsinn erkannt hat, zieht sie nun also ihre Schlüsse: Suspekter Kollege + dunkelgelbes Getränk, da ist der Fall ja klar. Und Anschwärzen hält sie für effektiver, als mich anzusprechen? Oder hat sie gar Sorge, ich könnte aggressiv reagieren, weil ich, haha, getrunken habe?

Ich überlege nun, ob ich morgen mal einige Flaschen besorge und auf die Tische im Lehrerzimmer stelle. Da kann sich dann jeder ein Bild machen, Horizont erweitern, Missverständnisse aus dem Weg räumen. Kann man so was eigentlich von der Steuer absetzen?

Weil neben der Schule gebaut wird und ja überhaupt die halbe Stadt einer epischen Großbaustelle gleicht, reden wir heute mal über den Bauboom und die Manifestation von Staats- und Gesellschaftsverständnis in der Architektur.

Nachdem alle naheliegenden Flughafen-Gags gemacht sind, wird schnell klar, dass bis auf Eva kaum jemand je von Baustilen gehört hat. Marlene hält Gotik für irgendwas mit Kirche, und Jugendstil, tja, ist vielleicht ein altmodisches Wort für Swag? Aber Bauhaus, na endlich, Bauhaus kennt sie. »Aber ist viel schlechter als Obi.«

Riesentheater heute in der 6c. Mathilda, die mich nicht mag, wie sie sagt, weil ich sie am Anfang des Schuljahres mehrmals versehentlich *Mathilde* genannt habe, ist den Tränen nahe, und um sie herum wird wild diskutiert. Ist Ben zu weit gegangen? Der Gescholtene steht trotzig am Rand und scheint abzuwarten, was die Mitschüler beraten, einsichtig sieht er nicht aus. Ich stelle mich in die Nähe des Pulks, um zu hören, worum es geht. Wer seine Schüler verstehen will, muss schließlich neugierig sein. Und jetzt erfahre ich, dass vorhin Biologie auf dem Stundenplan stand, da ging es offenbar um Krankheiten, wenn ich das richtig verstehe. Kategorisierungen und so, was ist noch mal der Unterschied zwischen Malaria und Masern, und sind Bakterien und Viren eigentlich miteinander verwandt? Ja, und dabei scheint es auch um Chromosom-Geschichten gegangen zu sein, und da hat Ben gesagt, er vermute, Esel seien bloß Pferde mit Down-Syndrom. Mathilda ist empört. Im weiteren Verlauf der Gruppenerörterung erfahre ich, dass Esel Mathildas Lieblingstiere sind. Und auch wenn ich keine Ahnung habe, ob Ben das wusste, als er seine Vermutung äußerte, überlege ich, ob es ein kluger oder lächerlicher Zug wäre, Ben zu bitten, sich bei Mathilda zu entschuldigen. Die beratenden und gleichzeitig tröstenden Mitschüler nehmen mir aber die Entscheidung ab, sie scheinen sich auf ein Vorgehen geeinigt zu haben.

Julia geht zu Ben, der die Arme verschränkt hat, und scheint ihm etwas mitzuteilen. Ich kann nicht hören, was sie sagt, Ben sagt jedenfalls nichts, sondern rollt nur demonstrativ mit den Augen – und begibt sich dann langsam Richtung Mathilda. Dabei hat er die Arme weiter verschränkt. Erst als er direkt vor ihr steht, streckt er ihr die Hand entgegen, guckt verschämt zur Seite, wahrscheinlich, um ihr nicht in die Augen schauen zu müssen. Dann murmelt er etwas, das ich nicht verstehe. Mathilda nimmt seine Hand und sieht ihn herablassend an, als wollte sie sagen: »Ich verachte dich zwar, aber ich bin bereit, dir noch eine Chance zu geben – obwohl du es natürlich nicht verdient hast.«

Na ja, und so geht alles seinen Gang, wozu also als Lehrer eingreifen. Das ist fast wie mit Krankheiten, fällt mir gerade ein. Neulich hat mir ein befreundeter Arzt erklärt, es sei besser, wenn der Mensch sich bei den meisten Krankheiten einfach raushalten und nicht rumpfuschen würde. Klar, für Corona gelte das nicht. Ärzte seien Scharlatane, wenn sie behaupteten, Lösungen für alles zu haben, er wisse, wovon er rede. Eigentlich seien Ärzte nur dann wichtig, wenn es um Leben und Tod gehe. Dann, immerhin, seien sie auch wirklich sehr nützlich. Aber im Normalfall mache die Natur das schon, die Selbstheilungs- und Regulierungskräfte seien enorm und ganz wunderbar. Ja, und so ist es im Prinzip auch mit der 6c, die regeln das schon.

Heute werden die Abiturzeugnisse vergeben. Auf dem Weg in die Aula, ich bin spät dran, sehe ich einen kleinen Jungen auf der Treppe sitzen, den ich nicht kenne. Vermutlich ein Fünftklässler, er sieht aus, als habe er eben noch geweint, hält sein Knie, und als ich frage, ob ich helfen kann, fängt er an zu erzählen, wie er gestolpert sei und warum er das unfair fände. Mit seinem Schicksal hadern kann er jedenfalls ausgezeichnet, und ich würde glatt mitschreiben, wenn ich jetzt nicht schnell in die Aula müsste. Nachdem ich mich losgeeist habe, hetze ich die letzten Stufen hoch und fürchte, alle werden sich gleich zu mir drehen, wenn ich die quietschende Tür öffne. Hat aber zum Glück noch nicht begonnen. Es ist laut, der ganze Jahrgang sitzt samt Eltern in der Aula, und über allem schwebt aufgeregtes Geplapper und das Gefühl von Erleichterung. Obwohl schon alle ihre Noten kennen und niemand durchgefallen ist, wirken Schüler und Eltern aufgekratzt. Überall werden Weißt-du-noch-Momente besprochen und sogar Familien, bei denen in einer guten Stunde ein Zeugnis mit schlechten Noten von Hand zu Hand gehen wird, sehen irgendwie trotzdem stolz aus. So ist das eben immer zu feierlichen Anlässen. Bei einer Hochzeit sind die Protagonisten ja auch immer irre aufgeregt, obwohl sie recht gut wissen, was passieren wird und wie die Geschichte, zumindest an diesem Tag, enden wird. Feierlichkeit ist schön und speist sich nicht zuletzt daraus, dass irgendwas oder irgendwer im Mittelpunkt steht und gewürdigt wird.

Während ich so rumsinniere, beginnt Dr. Wohlert mit seiner Rede, da läuft er immer zur Hochform auf, er fühlt sich sichtlich wohl. Seine Ausführungen sind klug und regen zum Nachdenken an, er streut kleine Anekdoten mit überraschenden Pointen ein, das kann er richtig gut. Ständig wird genickt, geklatscht oder gelacht. Außerdem umschmeichelt er Schüler- und Elternschaft, so macht man das nun mal zu diesem Anlass. Dass er sich für den Schulalltag nur so mittel interessiert, sich vor allem auf das Repräsentieren konzentriert und Frau Pfaif-Böhring den Kessler-Laden schmeißt, stört niemanden. So ist nun mal deren Aufgabenteilung, die haben sich da gut arrangiert.

Die Stimmung ist heute jedenfalls ausgelassen und wird noch ausgelassener, als Anton auf die Bühne gebeten wird.

Anton hat das beste Abitur der Stufe gemacht, und es dauert einen Moment, bis ich ihn erkenne, denn er hat sich herausgeputzt. Statt in seiner üblichen Montur mit Capital-Bra-Shirt, sehr, sehr alten Sneakers und zerrissenen Jeans trägt er jetzt Anzug mit Krawatte. Sogar die Haare hat er sich schneiden lassen und zu einem Seitenscheitel gelegt. Während er sich einen Weg nach vorne bahnt und ich an seine mündliche Abiturprüfung (»ich sag mal so«) denke, geht ein Raunen durch die Aula. Erst nach und nach scheinen Schüler und Lehrer zu merken, dass das wirklich Anton ist. Auf den Stufen zur Bühne bleibt er plötzlich stehen, dreht sich zum Publikum und ruft: »Guck mal, Mama, das hab ich nur für dich angezogen!«

Wochenende. Ich schlendere über meinen Lieblings-Wochenmarkt, den ich schon immer gerne besucht habe. Bin aber noch öfter hier, seitdem ich vor nicht allzu langer Zeit mal Jonathans Eltern getroffen habe. Der Markt gehört zu denen, die nicht in jedem Reiseführer stehen. Ich hatte ihn den beiden mal geheimtippmäßig empfohlen, und was soll ich sagen, jetzt treffen wir uns hier zufällig etwa alle zwei Wochen. Und ehrlich gesagt bin ich mindestens einmal nur hierhergekommen, um sie zu treffen, ist einfach so nett mit denen. Beim ersten Mal begann es mit etwas Smalltalk, ich habe zwei Stände empfohlen, aber dann haben wir uns doch festgequatscht.

Mittlerweile weiß ich, warum ein Zusammentreffen von

Jonathans Onkeln einem ziemlich absonderlichen Theater gleicht und unter welchen Umständen sich seine Eltern kennengelernt haben. Niemals reden wir außerhalb des Schulgebäudes über Schule, und das gefällt mir. Außerdem finde ich, dass man das jetzt doch mal Freundschaft nennen kann. Wobei Duzen dazu gehören würde, das geht aber nicht, und Siezen fühlt sich auch nicht richtig an, also vermeiden wir beides. Bisschen drollig, was da so für Satzkonstruktionen rauskommen. Das wiederum zeigt mir aber anschaulich, in welchem Verhältnis wir zueinander stehen und dass wir die Sachlage gleich einschätzen. Das bilde ich mir zumindest ein, wenn wir nach einem dieser merkwürdigen Sätze mal wieder alle schmunzeln müssen.

$$a^2 + b^2 = c^2$$

TINDER-MATCH

Heute ist Elternversammlung. Genau wie beim Elternsprechtag fällt mir auch bei diesen Versammlungen immer auf, wie sehr die Eltern ihren Kindern ähneln. Sie sitzen heute auf den Stühlen ihrer Sprösslinge, und ich kneife die Augen zusammen und stelle mir ganz kurz vor, es seien tatsächlich meine Schüler – im Jahre 2050.

Elternversammlungen finden einmal im Halbjahr statt. Das ist eigentlich immer ganz in Ordnung, die Eltern meiner Schüler mögen mich, und ich mag sie. Da gibt es einen Zusammenhang. Doch auch wenn ich einen guten Draht zu ihnen habe, bin ich vorher immer ein bisschen angespannt. Das liegt meistens an Herrn Thoma, der immer versucht, mich herauszufordern und mir vor versammelter Mannschaft Fehler nachzuweisen. Manchmal zu Recht. Und mir ist es unangenehm, wenn ich Fragen aus der Elternschaft nicht beantworten kann, das passiert immer mal wieder. Die sitzen da schließlich immer zu etwa dreißigst, und ich bin nur einer.

Heute erzähle ich vom vermeintlichen Militarismus-Skandal und vom Drohnenunfall. Alles ernst nehmen, natürlich, aber immer souverän bleiben und stets vermitteln: Alles gut und halb so wild, kein Grund zur Sorge, läuft alles super am Kessler. So ist zumindest die Grundhaltung.

Nachdem ich noch diese und jene Information zu Terminen, Änderungen in der Hausordnung und zum Eintritt in die Oberstufe nach den Sommerferien verkündet habe, öffne ich die Runde für Fragen.

Evas Vater meldet sich genau, wie seine Tochter es tut. So etwas guckt man sich doch eigentlich ab, aber wo sehen Kinder, wie sich ihre Eltern melden? Oder wird so etwas doch vererbt? Na ja. Jedenfalls will er jetzt von mir wissen, warum das Schulessen nicht vegan sei und wie es sein könne, dass er ausgelacht wurde, als er beim Zulieferer danach gefragt habe. Ja, also. Bin nicht so im Thema drin, aber immerhin könne man ja aus drei Gerichten wählen, erkläre ich, und eines sei ja immer vegetarisch.

Auslachen fände ich seltsam, das spreche nicht für den Zulieferer, da habe er recht. Vegetarisch sei nicht genug, sagt er daraufhin, Eva würde deshalb nicht in der Schule essen, was könne man da tun. Es grummelt im Raum, und Jannis' Vater sagt freundlich, aber bestimmt, dass das Anliegen über die Elternvertretung an die Schulleitung getragen werden müsse, es aber mit Sicherheit ohne Erfolg bleiben werde. Das hört Evas Vater nicht gern und beginnt einen längeren Monolog über die Vorzüge von veganem Essen. Die klingen zwar sehr gut, aber das Grummeln im Raum wird lauter, die anwesenden Eltern scheinen die Geduld zu verlieren. Augen werden gerollt, es wird demonstrativ auf Uhren geguckt, viele Augenbrauen ziehen sich zusammen. Ich würde seine Position gerne einfach im Raum stehen lassen und zum nächsten Thema (alle verabschieden) kommen, aber Herr Thoma setzt zu einer hitzigen Gegenrede an. Was dem Körper dann alles fehle! Und so weiter. Viele nicken.

Automatisch sympathisiere ich mit Evas Vater, schon allein, weil er mit seiner Meinung allein dazustehen scheint. Auch wenn Herr Thoma vermutlich nicht ganz unrecht hat, aber eine Diskussion führt hier und jetzt nicht weiter. Das sage ich den Eltern, und um die Wogen zu glätten, erzähle ich von einer harmlosen Episode, die einige Zeit zurückliegt:

Ein Fünftklässler brachte eine Zeit lang regelmäßig Erbsensuppe in einer Thermoskanne mit. Wissen nur die Götter, wie man auf so eine Idee kommen kann. Jedenfalls hat er die Suppe eines Tages weder gegessen noch getrunken, sondern während eines Wutanfalls als Wurfsuppe genutzt. Dabei schleuderte er so damit rum, dass der Klassenraum aussah, als wäre die halbe 5b plötzlich einer Lebensmittelvergiftung erlegen. Manchem war deshalb anschließend wirklich schlecht.

Meine Eltern schmunzeln, niedliche Fünftklässler-Geschichten gehen immer. Stimmung wieder okay. Habe die Rechnung aber ohne Evas Vater gemacht, der nun laut fragt, was das denn jetzt solle und ob ich damit sagen wolle, Suppe könne man als Waffe missbrauchen? Es gebe hervorragende Rezepte für vegane Erbsensuppen, die sollten wir uns alle hier mal angucken.

Anton war in den letzten Jahren als Schulsprecher und bunter Hund aktiv, trotzdem überrascht es mich, dass er das Titelbild der neuen FAG ziert. Auf dem unscharfen Foto ist zu sehen, wie Dr. Wohlert ihm, Anton im Anzug, das Abiturzeugnis überreicht, und drunter steht: »Vom Assi zum Schnösel«. In der Mitte der Zeitung findet sich dann ein Interview, und weil sich mir sowohl seine Spuckerei vor Jahren am ersten Mai, als auch seine Ich-sag-mal-so-Abiturprüfung tief eingeprägt haben, lese ich das interessiert. Über eine Stelle stolpere ich sofort. Da wird er nach den Highlights seiner Schullaufbahn gefragt und antwortet, ein paar Lehrer seien toll gewesen, ein paar Klassenfahrten noch besser, und die Mitschüler sowieso, klar. Aber am schönsten habe er die Sache mit den Graffitis gefunden. Schade, dass er jetzt die Schule verlasse, er werde das aber weiterverfolgen, die FAG halte ihn ja sicher auf dem Laufenden. Er hoffe, dass da noch viel passiere. Er sage nur: »SLLSSWHC!!« Das verstehe ich nicht, und das soll vermutlich auch nicht zu verstehen sein. Es scheint sich um einen Code oder eine verschlüsselte Botschaft zu handeln. Jedenfalls wirkt es so, als wisse Anton Bescheid. Und weil ich es noch nie erlebt habe, dass ein Abiturient so ausführlich von der FAG interviewt wird, vermute ich, die FAG weiß Bescheid, dass Anton Bescheid weiß. Diese Bescheidwisserbande unter ihrer gemeinsamen Bescheidwisserdecke. Ich bin ein neugieriger Mensch, und weil in der FAG offenbar Fährten gelegt werden, wecken die damit meine verschüttet geglaubten detektivischen Instinkte. Es ist ein bisschen, als wäre ich wieder zehn und hätte mir gerade ein Yps-Heft gekauft. Mit Fingerabdruckset! Werde mir jedenfalls die nächste Ausgabe der FAG kaufen und weitere Hinweise suchen. Und mal wieder frage ich mich, ob das alles einem großen Plan folgt und in welchem Verhältnis eigentlich Pulverfass, Fettnäpfchen und Wespennest zueinander stehen.

Es regnet in Strömen, und meine Klasse freut sich sehr darüber, denn jetzt dürfen sie in der Pause im Klassenraum bleiben. Vier von ihnen spielen ein Spiel, das ich nicht kenne, alle gucken konzentriert, ständig wird gewürfelt, und offenbar muss jeder die Zeit stoppen. Weil Marlene mitspielen will, aber kein Smartphone besitzt, biete ich ihr mein iPhone an. Ja, ja, nett von mir, aber blöd. Nach kurzer Zeit kommt sie zu mir und sagt schmunzelnd, meine Mutter habe mir eine WhatsApp-Nachricht geschrieben. *HJJÄÄ%&!!!!J9g57685r3re gähÖBNlefawbe&$%$jgs!!!,* denke ich. Hätte ich mal den Flugmodus angemacht. Während Marlene mir mein Telefon reicht, gehe ich kurz die Worst-Case-Szenarien durch und überlege, was die Schülerin möglicherweise gelesen haben könnte: »Nimmst du jetzt den Anzug von Onkel Peter? Der stand dir doch bei deiner Konfirmation so gut!«, oder: »Das Enkelkind unserer Nachbarn hat sich im Schulbus übergeben, wie du damals in der Grundschule, weißt du noch?«, oder: »Na, nervt deine Klasse heute wieder so schlimm?« Bitte nicht, Mama, denke ich und atme auf, als ich lese, wie harmlos es ist. Meine Mutter hat schlicht geschrieben: »Sag mal, was ist eigentlich Club Mate?«

Lehrer sind Einzelkämpfer, das hört man immer wieder. Ist natürlich Blödsinn, als Einzelkämpfer schafft man es nicht durchs Referendariat, und auch später ist der Job sehr viel besser zu bewältigen, wenn man regelmäßig mit Kollegen Informationen, Kekse und Unterrichtsmaterial austauscht. Von diesen Dingen kann man nie genug haben. Gestern kam es allerdings zu einem verunglückten Austausch. Ich musste den Kollegen Crust in dessen Klasse vertreten, und als ich ihn fragte, was die da gerade so bei ihm machen, hat er mir einen USB-Stick in die Hand gedrückt. Darauf fände ich Bilder zu Reichsgründung und Bismarck und so, die könne ich doch zeigen, eine PowerPoint-Präsentation sei auch dabei. Dazu dann einfach ein bisschen rumdozieren und mit der 9a übers Kaiserreich plaudern. Läuft, dachte ich.

Als ich mir dann gestern Abend die Bilder in Vorbereitung auf die Stunde anschauen wollte (zum Glück, denke ich jetzt, habe ich das gemacht!), habe ich mich sofort so richtig bilderbuchmäßig erschreckt: kurzer Atemstillstand, Schweißausbruch, Schreckverschlucken mit Husten und allem. Denn ich fand weder die angekündigten Bilder noch eine Präsentation. Stattdessen Fotos, und zwar, wie soll ich sagen, sehr private. Die Motive hätte man früher wohl anstößig genannt, nicht wirklich pornographisch, aber mit Bismarck hatte das nun wirklich nichts zu tun.

Heute habe ich Crust den Stick zurückgegeben. Ich habe gesagt, dass ich die Bilder nicht zeigen konnte. Der Computer habe den Stick nicht lesen können. Dabei bin ich weder rot geworden noch habe ich gegrinst, auch nicht beides zusammen, war nicht so sicher, ob mir das gelingen würde.

Die 5a hat ein Problem, manche sagen auch, sie sei das Problem. Das sehen nicht nur Lehrer und Eltern, sondern auch manche Schüler so. Einige von ihnen beschweren sich regelmäßig über fehlenden Gemeinschaftsgeist, destruktive Stimmung und Respektlosigkeiten innerhalb der Klasse. Nicht so richtig schlimm, aber gut ist anders. Die Klassenlehrerin versucht, sich die Sympathien der Klasse, und damit Autorität, wie sie hofft, zu sichern, indem sie ausdauernd über die Parallelklassen schimpft. Ganz schön schlau, ein gemeinsames Feindbild hat schließlich schon immer Zusammenhalt gestiftet. Weil die Schüler nicht blöd sind, durchschauen sie ihre Manöver aber und nehmen sie nun noch weniger ernst, dumm gelaufen.

Aus diesem Grund (na ja, vielleicht auch weil ich gestern keine Lust hatte, Unterricht vorzubereiten) nehme ich die Sache heute mal in die Hand und berate mit der Klasse darüber, wie man ein besseres Klassenklima schafft. Und zwar jenseits der üblichen Lippenbekenntnisse, die man dann meistens Klassenregeln nennt.

Ich muss sagen, dass ich einigermaßen überrascht bin. Denn neben dem gängigen Kram gibt es auch ein paar unkonventionelle Vorschläge. Hier meine Top 3 Gedanken aus der 5a: Lena schlägt vor, dass jeder, der redet, obwohl er nicht drangenommen wurde, einen Euro zahlen muss. Das Geld bekämen dann die Lehrer, die davon Belohnungen für die Braven kaufen müssten. Unnötig zu erläutern, zu welcher Kategorie Lena sich zählt.

Deutlich härter der Vorschlag von Elias. Er sei mit seinem Großpapa am Wochenende in der Schorfheide gewesen, um Rotwild zu beobachten. Und da habe er erlebt, wie sein Großvater seine Hunde erziehe. Diejenigen, die noch nicht stubenrein seien, würden von ihm so konsequent mit der Schnauze in ihren eigenen Urin gedrückt, dass sie es sich beim nächsten Mal genau überlegen würden, die Regeln zu missachten. So müsse man es eben auch mit den Rabauken in der 5a machen: Wer Mist baue, müsse von den Lehrern gepackt und damit direkt konfrontiert werden. Ich habe keine Ahnung, wie er sich das praktisch vorstellt, er sicher auch nicht, aber es klingt rabiat, und in der Klasse herrscht betroffenes Schweigen. Pädagogik auf der Grundlage von Angst ist immer schlecht, aber vielleicht reicht hier die angedeutete Martialität, um eine prophylaktische Tatvereitelungswirkung in den Kinder-Köpfen zu entfalten.

Mein Lieblingsvorschlag stammt aber von Marie. Sie schlägt vor, die Störenfriede dazu zu verdonnern, in der Schule übernachten zu müssen. Aber ohne Licht. Nur Hausmeister Dombrowski wäre nachts noch im Haus. Dem käme dann die Aufgabe zu, die Übeltäter zu erschrecken. Aus ziemlich vielen Gründen wird das niemals umgesetzt werden, aber ich kann mir nicht helfen, irgendwie finde ich Maries Idee sehr niedlich und bin ein bisschen gerührt.

Hanna ist etwas ziemlich Dummes passiert, »mal wieder«, sagt sie. Sie habe einen Schüler aus dem zwölften Jahrgang, Lucas, bei Tinder gematcht. Aus Versehen. Er habe ein falsches Alter angegeben und sie ihn auf den Fotos nicht erkannt. Er sie schon. Er habe sie sofort angeschrieben und gefragt, ob sie sich treffen wollen oder ob das ein Versehen sei. Dazu ein Tränen lachendes Emoji. Vor lauter Schock habe sie nicht geantwortet, aber Ignorieren geht eigentlich nicht mehr. Morgen sieht sie ihn in ihrem Grundkurs wieder, da sitzt er in der zweiten Reihe. Unwahrscheinlich, dass er die Angelegenheit anspricht, wird er doch nicht im Unterricht!? Oder alles weitererzählt? Oder hat er das vielleicht schon? Oder, oder, oder. Ich finde das einerseits sehr lustig, aber andererseits ist das eine ernste Sache.

Gemeinsam überlegen wir, wie man mit so einer Situation besonnen und im besten Fall klug umgehen kann. Ein offensiver Umgang, um aus einer Patsche zu gelangen, ist ja selten falsch, also mit der Schulleitung sprechen? Allein die Vorstellung, denen Sinn und Funktionsweise von Tinder zu erklären, scheint uns so verrückt, dass wir beide lachen müssen. Also mit Lucas sprechen, ihm die Wahrheit sagen und ihn bitten, es zu vergessen? Oder seine Verschwiegenheit mit guten Noten erkaufen? Oder ihm sagen, ihr kleiner Bruder habe ihr Telefon benutzt? Weiterhin ignorieren ginge auch, aber Hanna scheint entschlossen, mit ihm zu reden und dann mal schauen, wie er reagiert. Und wenn es sein muss, dann eben doch auswandern oder zumindest die Schule wechseln. Mein Gott, morgen wird ein aufregender Tag.

FREUNDE DES SEGGENROHR-SÄNGERS E. V.

Theo aus der 8b zockt in jeder freien Minute: Schulhof, Treppenhaus, Klassenraum, Pause oder Unterricht, ständig qualmt das Smartphone. Ich habe mir schon oft einen Spaß daraus gemacht, ohne Vorwarnung und blind auf seinem Handy herumzutippen. Bisschen gemein, aber effektiv: Mittlerweile verschwindet sein Gerät in der Hosentasche, wenn er mich in der Nähe wähnt. Heute hat er mich zu spät bemerkt, ich hatte mich angeschlichen und ihm dann offenbar so erfolgreich ein Spiel verdorben, dass er in einer kuriosen Mischung aus Verzweiflung und Empörung rief: »Das ist mein gesellschaftliches Aus!«

Schüler lieben PowerPoint. Wenn ich »Vortrag« sage, hören sie »PowerPoint«. Da stellt man denen jahrelang alle möglichen Techniken, Methoden und Medien vor, die man nutzen kann, um Vorträge und Referate zu halten, ein richtiger Pool steht ihnen zur Verfügung, aber am Ende läuft es fast immer auf PowerPoint hinaus. Und es ist fast immer der gleiche Typus Schüler, der stolz das Programm bedient, als hätte er es selbst programmiert.

Im Rahmen der durch Eva initiierten Unterrichtsreihe zu starken Frauen stellt heute Sophia die Karriere von Sophie Passmann vor. Und zwar ohne PowerPoint, ich bin begeistert. Stattdessen hat sie ein Video zusammengeschnitten, in dem sie den Weg Passmanns von der Poetry Slammerin über ihre Rolle als Social-Media-Heldin bis hin zur Bestseller-Autorin nachzeichnet. Das wirkt wie eine Doku. Die Schnitte sind schnell, Sophia ist es auch. Ständig stoppt sie, erläutert, ordnet ein, kommentiert. Die Zeit vergeht wie im Flug, und ich kann mich nicht erinnern, in der Schule je einen so unterhaltsamen Vortrag erlebt zu haben. Die Klasse sieht das ähnlich, alle sind sehr aufmerksam, und das Feedback am Ende ist fabelhaft. Sophia hat schlicht das Passmannsche Erfolgsrezept übernommen und Kurzweiligkeit mit Tiefgang gepaart, Humor und Unterhaltung mit Information und Substanz. Chapeau.

Nur Eva stimmt nicht mit ein, ihr ist der Klassenkonsens suspekt, sie hadert und mag Sophie Passmann augenscheinlich nicht. Zwar habe Sophia das wirklich gut gemacht, Passmann aber hänge ihre Fahne immer nach dem Wind, das halte sie kaum aus. Die spiele die Feministin nur, in ihrem Buch über alte weiße Männer habe sie aber Verständnis für alles und jeden, sei viel zu gnädig, nie streng und damit nie konsequent. Man könne das nur Opportunismus oder Rückgratlosigkeit nennen. Das löbliche Gegenbeispiel sei Margarete Stokowski, die ziehe das Feministen-Ding knallhart durch, sei herrlich kompromisslos, so müsse man das machen, wenn man wirklich was bewegen wolle in den Köpfen.

Als ich nach der Stunde Sophia sage, ich hätte mich besonders auch darüber gefreut, dass sie nicht PowerPoint genutzt habe, weil das ja immer alle machen, erwidert sie, ja, das beklage ihr Vater auch immer. Der sei ja gerade dabei, als Quereinsteiger Lehrer zu werden. Ich muss mich kurz setzen. Mein Dauerstänkerer Herr Thoma wird Lehrer. Und mir wird schwindelig.

Gerade hat die vierte Stunde begonnen, da stürmt Timon aus der 5c ganz aufgeregt in den Raum. Die Schüler meines Grundkurses gucken ihn mit riesengroßen Augen an, was daran liegen dürfte, dass der kleine Mann außer Schuhen und einer Unterhose nichts trägt. Er ruft verzweifelt, dass er seinen Turnbeutel einfach nicht finden könne, und stampft dabei auf und guckt, als hätte man ihn schon den ganzen Tag wirklich schwer geärgert.

Irgendwie bin ich zu überrascht, um adäquat zu reagieren. Macht aber nichts, Timon läuft einfach durch die Reihen und sucht. Weil er offenbar nicht fündig wird, fängt er an zu weinen und rennt wieder raus. Timon ist noch lange nicht in der Pubertät, trotzdem muss ich immer an die Formulierung »Himmelhochjauchzend und zu Tode betrübt« denken, wenn im Kollegium von Timon und seinen enormen emotionalen Amplitudenausschlägen die Rede ist. Normalerweise ist er aufgedreht und platzt fast vor lauter grenzwertigem Übermut, aber wenn etwas nicht klappt, und das passiert in der Schule mindestens einmal am Vormittag, bejammert er sein Unglück und leidet so, dass es alle mitbekommen. Manchmal wälzt er sich dann auch am Boden und windet sich in Leid und Schulstaub. Wenn man ihn geschickt ablenkt, kann seine Niedergeschlagenheit aber sofort verfliegen, und alles ist wie vorher. In beiden Zuständen, dem euphorischen Überschwang und der tiefen Verzweiflung, ist es, als besäße er weder Filter noch Dämme. Es gibt keine Zurückhaltung, keine Scham, keine Hemmung, keine Überlegung, wie etwas bei anderen ankommen und welche Konsequenzen sein Verhalten mit sich bringen könnte. Wie so ein Baby. Und wie bei so einem Baby finde ich das unheimlich authentisch, unverstellt und sympathisch. Aber auch sehr anstrengend. Wie bei einem Baby eben. Oder wie bei Herrn Oberheide.

Kurz hatte ich überlegt, die Turnbeutel-Episode für eine mögliche Abiturrede in ein paar Jahren zu nutzen. Das verwerfe ich aber schnell wieder, nicht dass mir noch Mobbing vorgeworfen wird.

Hanna schreibt mir, sie habe gerade in der Pause mit Tinder-Lucas gesprochen, so nennen wir ihn aus bekanntem Grund. Davon wolle sie mir schnell erzählen. Weil die Nachricht aber nicht alarmistisch klingt, bin ich beruhigt und trotzdem unheimlich gespannt. Abends ruft sie mich an und erzählt, Tinder-Lucas habe sich als ausgesprochen erwachsen und vernünftig entpuppt. Er habe ihre Lage vollkommen richtig erfasst, sich offenbar vorher Gedanken gemacht und erklärt, er werde selbstverständlich niemandem davon erzählen, und es tue ihm leid, dass er sie nach rechts gewischt und damit also sein Interesse an ihr signalisiert habe. Das hätte er nicht machen dürfen. Nicht einmal gegrinst habe er. Hanna sagt, es sei ein angenehmes Gespräch gewesen. Um sie zu ärgern, sage ich, dieser Tinder-Lucas scheine ja ein toller junger Mann zu sein. Sie könne sich doch mal mit ihm auf einen Kaffee treffen! Hanna schweigt darauf verdächtig lang, dann lacht sie kurz, und ich fürchte, mir wird es in den nächsten Wochen schwerfallen, keine Anspielungen in die Richtung zu machen.

Kollege Crust hilft, wenn er Lust hat, aber manchmal entpuppt sich seine Hilfe auch als Falle, da muss man aufpassen. Womit ich nicht sagen möchte, dass das USB-Stick-Missgeschick neulich geplant war. Als ich aber neu im Schulgeschäft war und noch nicht wusste, dass man bei Crust lieber vorsichtig sein sollte, bekam ich mit, wie er einem Kollegen, der gerade Vater geworden war, Kinderlieder empfahl. Dazu lieferte er erstaunlichen Kontext zu ihrer Entstehung. Das Lied »Die Vogelhochzeit« zum Beispiel stamme aus jener Zeit, in der es statt eines deutschen Nationalstaates noch den sogenannten Flickenteppich gegeben habe. Im Lied werde dieser Zustand besungen. Die verschiedenen Vogelarten ständen dabei für die zahlreichen deutschen Einzelstaaten, die sich ebenso sehr unterschieden, wie sich eben auch die Vogelarten voneinander unterscheiden. Man müsse es also als eine Ode an den Föderalismus lesen beziehungsweise singen. Und ursprünglich habe es im Refrain deshalb auch *föderalala*, statt *fideralala* geheißen. Das fand ich sensationell unerwartet und erzählte es prompt arglos weiter. So lange zumindest, bis ich schallend ausgelacht wurde. Ist nämlich vollkommener Blödsinn.

Seitdem Jannis mir erzählt hat, er wisse, wie Frau Pfaif-Böhring ihre Freizeit verbringt, muss ich ständig grübeln. Das klingt für mich immer noch so, als hätte er behauptet, Olaf Scholz verdinge sich in seiner Freizeit als Clown, oder als säße Lothar Matthäus im Vorstand der Friedrich-Ebert-Stiftung. Ziemlich unrealistisch. Weil ihre ewige Paragraphenreiterei in meinen Augen etwas Zwanghaftes hat, stelle ich mir vor, dass sie vielleicht nebenbei Jura studiert, an Sudoku- oder Gedächtnismeisterschaften teilnimmt oder neue Pflanzenarten auf dem Balkon züchtet. Das traue ich ihr alles zu. Also zumindest Interesse und Eignung, Zeit dürfte sie dafür eher nicht haben. Jedenfalls kann ich mir nur etwas Nerdiges vorstellen. Heute Morgen sprach mich dann Hanna auf unsere immer bestens informierte Sekretärin Frau Korittke an. Es sei gespenstisch, sagte Hanna, was die alles wisse. Sie habe sie gefragt, ob sie eigentlich immer noch Tango tanze. Hanna tanzt seit Jahren nicht mehr Tango, nur noch Techno. Es sei ja irgendwie nett, dass Frau Korittke sich interessiere, aber doch auch merkwürdig, dass sie einen dann mit ihrem ergoogelten Wissen überfalle.

Das bringt mich auf die Idee, Frau Pfaif-Böhring zu googeln. Dass ich da noch nicht draufgekommen bin. Und wie ich jetzt sehe, scheint meine stellvertretende Schulleiterin zweite Vorsitzende und außerdem Kassenwartin eines gemeinnützigen Vereins zu sein, der sich um den Erhalt der Brandenburgischen Population der Uferschnepfe und des Seggenrohrsängers kümmert. Die scheinen arm dran zu sein. Gerade merke ich, dass ich das mit offenem Mund lese.

Michel aus der 6c erzählt mir in der Pause ganz bedrückt von seinem Schulweg heute Morgen. Seine Mutter habe ihn zur Schule gefahren und vor dem Schulgebäude beim Wenden einen Poller gerammt. Das Auto sehe nun hinten aus wie ein Toaster von oben, mit Zahnspange, irgendwie falsch jedenfalls. Und jetzt mache er sich wirklich Sorgen, ob das mit dem Urlaub was werde, sie wollten doch in den Sommerferien wegfahren! Er ist richtig geknickt und schiebt grübelnd hinterher, dass es nicht das erste Mal sei, dass seiner Mutter mit dem Auto so ein Missgeschick passiere.

Da fällt mir ein, dass ich seine Mutter mal in Aktion erlebt habe und Michels Erzählung irgendwie in mein Bild von ihr passt. Im vorletzten Schuljahr war ich für die erkrankte Frau Hülsmann eingesprungen, um die Weihnachtsfeier der 5c zu betreuen. Am Vormittag bekam ich dann eine seltsame Mail von Michels Mutter, in der sie mir erklärte, einen Weihnachtsmann gebucht zu haben. Einen Weihnachtsmann? Äh, macht man so etwas für eine fünfte Klasse? Ich schrieb Frau Hülsmann eine fragende SMS: Gibt es irgendwelche Traditionen oder Absprachen, von denen ich nichts wusste? Ich bekam keine Antwort und nahm mir vor, einfach mal zu schauen, was passieren würde. Eine Stunde vor der Feier schrieb mir Michels Mutter dann, der bestellte Weihnachtsmann sei kurzfristig abgesprungen. Das sei aber kein Problem, stattdessen werde sie einfach einspringen. Wie bitte?

Sie kreuzte dann tatsächlich auf, in voller Weihnachtsmann-Montur. Und in offensichtlich alkoholisierter Verfassung. Die Klasse reagierte erstaunlich gelassen auf den irgendwie konfusen, Schokolade verteilenden Weihnachtsmann.

Während ich jetzt noch daran denke, wie souverän Michel damit umgegangen war – ist er solche Eskapaden vielleicht schlicht gewohnt? –, fängt er nun wieder mit den Sommerferien an. Es wäre doch so so schade, wenn das nichts werde mit der Reise. Da gebe ich ihm recht, und frage, wohin es denn gehen soll. Verträumt und fast ein bisschen andächtig dreht er seinen Kopf zu mir und sagt dann mit großen Fernwehaugen: »Wir fahren in die Bredouille.«

Es ist spät, ich schlendere durch die Straßen und hänge meinen Gedanken nach. Warum eigentlich hat Dr. Wohlert mich gefragt, ob ich wisse, wer da immer sprüht? Fragt er das jeden Kollegen? Ich will ihm mal nicht unterstellen, dass er mir was unterstellt. Außerdem frage ich mich, ob es vielleicht ein Fehler des Fachbereichs Kunst war, Street-Art und Graffiti in den internen Lehrplan aufzunehmen. Und was würde Banksy zu all dem sagen?

Plötzlich sehe ich nicht weit vor mir zwei Hinterköpfe, die mir bekannt vorkommen. Irre ich mich, oder sind das Carl und Karla, die da vorne nebeneinander gehen? Sind sie. Irgendwie will ich jetzt unbedingt wissen, ob sie Händchen halten, das sieht nach einer Händchenhalten-Situation aus. Ich gehe ihnen also in gebührendem Sicherheits-, das heißt Sichtabstand, hinterher und stelle mir besser nicht vor, was wäre, wenn die das wüssten. Oder überhaupt sonst irgendjemand wüsste, dass ich Schüler verfolge, weil ich wissen will, ob sie sich an den Händen halten. Bin ein bisschen aufgeregt und habe gute Laune. Obwohl ich jetzt erkenne, dass sich ihre Hände gerade nicht berühren. Aber sie lachen sich an, wie das nur junge Menschen machen, die gleich Händchen halten werden.

Die achte Stunde ist bald vorbei, das Schuljahr auch. In zwei Wochen sind Sommerferien, und die sind ja zweifelsohne die beste Erfindung im Lehrerleben. Jetzt meldet sich Sophia und berichtet, dass sie sich für unser Abschluss-Picknick, mit dem wir uns traditionell in die Sommerferien verabschieden, ein Spiel überlegt habe. Es gehe darum, Lehrer zu parodieren. Sophia erläutert den Ablauf und fragt, wer mitmachen wolle. Sofort überschlagen sich die Mitschüler mit Vorschlägen, wen man wie nachmachen könnte. Bei Küppers reiche einfach Kissen unter weißem T-Shirt, darüber kurzärmliges, offen getragenes, sehr groß kariertes Hemd. Dazu halb bellendes, halb herzliches Lachen, da wüsste jeder gleich Bescheid. Pruderling, auch leicht, einfach im Metal-Shirt von der DDR schwärmen. Pfaif-Böhring und Crust werden genannt, klar, die haben scharfe Konturen und sind deshalb einfach zu imitieren. Dann klingelt es, die meisten gehen, aber einige haben an Sophias Spielidee so viel Gefallen gefunden, dass sie bleiben und brainstormen. Während ich meine Sachen zusammenpacke, fragt mich Carl, ob ich nicht einfach mitmachen wolle. Ich hätte doch eine spannende Perspektive und würde bei der Gelegenheit Insider-Einblicke aus dem Lehrerzimmer liefern, das wäre doch toll. Große Zustimmung für diese Idee bei denen, die noch da sind. Ich muss zugeben, dass mir der Gedanke Spaß macht. Und ich stelle fest, dass da vor meinem inneren Auge ganz schön viele Kollegen vorbeiziehen. Geht aber natürlich nicht, ich wiegle ab. Carl versucht noch eine Weile, mich zu überzeugen, aber das verbietet mir mein Lehrerethos. Kollegen parodieren macht man nicht, es tut mir leid.

Irgendwann löst sich unsere Runde auf, die Schüler sind schnell weg. Ich fahre Computer und Smartboard runter, lösche das Licht, schließe die Tür ab und eile über den inzwischen verwaisten Flur ins Treppenhaus. Die Schule ist wie ausgestorben. Ich nehme mehrere Stufen auf einmal, komme ins Straucheln, versuche auszubalancieren, das geht irgendwie schief, und jetzt liege ich hier im zweiten Stock. Aua. Das sah wahrscheinlich ziemlich nach Slapstick aus, hoffentlich hat das niemand gesehen oder gar gefilmt. Man sieht sich nicht gern als stolpernder Trottel im Netz. Oder als GIF in Endlosschleife in den WhatsApp-Gruppen der Schüler. Da bin ich sensibilisiert, nicht nur, weil ich Schüler kenne und mich noch gut an Herrn Oberheide im Brücke-Museum erinnere. Im Referendariat hat uns außerdem ein Seminarleiter mal viele schlimme Videos bei YouTube gezeigt. Als Warnung. Man müsse vorsichtig sein, hat er gesagt. Ironie lieber vermeiden, besser keine Witze probieren, keine Tabus ansprechen. Wir protestierten, wir seien doch keine Roboter und so, Schüler schätzten doch gerade echte Menschen als Lehrer, haben wir gesagt, und damit natürlich recht gehabt. Trotzdem beklemmend, wie viele bloßgestellte und drangsalierte Lehrer es im Internet zu bemitleiden gibt.

Jetzt richte ich mich mühsam auf und humple, ziemlich langsam nun, die nächsten Stufen runter. Zwei Stockwerke muss ich noch, und dann aufs Rad, oh je. Plötzlich höre ich Carls Stimme vom Treppenabsatz über mir, wo kommt der denn jetzt her? Und warum beglückwünscht er mich dazu, es mir noch mal anders überlegt zu haben? Ich begreife kein Wort, stehe offensichtlich noch ein bisschen neben mir, auch wenn ich eben nicht auf den Kopf gefallen bin. Ja, sei doch super, sagt er, dass ich mich offenbar doch dazu entschlossen hätte, beim Picknick Sophias Parodie-Spiel mitzuspielen. Frau Frevert hätte ich ja voll drauf, wie er sehen könne. Dabei breitet sich ein Schadenfreudegrinsen über sein ganzes Gesicht aus. Haha, ich lache nicht. Immerhin bietet er mir Hilfe an, trägt meine Tasche und erzählt dann von seinen Plänen für die Ferien.

Als wir ins Foyer kommen, stoppen wir abrupt. Denn auf der gegenüberliegenden Seite steht jemand mit dem Rücken zu uns vor der Wand und sprüht. Das ist ganz eindeutig Hausmeister Dombrowski. Der sprüht! Mit Sprühdose! Ich bin ein bisschen aufgeregt. Er scheint uns nicht zu bemerken. Carl und ich werfen uns einen Blick zu, der einer Verabredung zum Schweigen gleichkommt. Wir wenden uns ab und gehen. An der Wand steht: **EINEN SCHEIS MUSS IC**

Unsere Leseempfehlung

384 Seiten

Jugendliche in der Pubertät sind weder Monster noch Außerirdische, ihr Gehirn funktioniert einfach anders. Neueste Forschungsergebnisse zeigen, dass das Gehirn von Pubertierenden eine entscheidende Entwicklungsstufe durchläuft. Dr. Frances E. Jensen, Neurologin und Mutter, erklärt was im jugendlichen Gehirn vor sich geht und wie man damit umgeht. So gibt sie allen Eltern und Erziehern bahnbrechende Erkenntnisse an die Hand, die helfen die Pubertät zu überstehen.